Winner Winner, Chicken Dinner!

Winner Winner, Chicken Dinner!

Blackjack für Freizeitspieler

von

Thorsten Schmidt

Bibliografische Information der Deutschen Nationalbibliothek: Die Deutsche Nationalbibliothek verzeichnet diese Publikation in der Deutschen Nationalbibliografie; detaillierte bibliografische Daten sind im Internet über dnb.dnb.de abrufbar.

© 2020 Thorsten Schmidt

Herstellung und Verlag: BoD – Books on Demand, Norderstedt

ISBN: 978-3-7519-6760-0

Inhaltsverzeichnis

Vorwort

Liebe Leserin, lieber Leser,

herzlich willkommen zu diesem kleinen Buch über das vielleicht beliebteste Kartenspiel der Welt. Die Idee zu diesem Buch kam mir, als ich während einer Kreuzfahrt in Mittelamerika einige Male im Casino Blackjack spielte. Es fand dort am ersten Abend eine Einweisung in das Spiel statt und dabei wurde mir klar, dass die meisten Menschen, die bei solchen Gelegenheiten an den Spieltischen sitzen, nahezu überhaupt nicht wissen, was sie da tun. Sie verstehen zwar nach und nach die einfachen Regeln des Spiels, doch ihre Entscheidungen treffen sie mehr oder weniger spontan, je nach Laune oder auf der Basis ihrer erfreuten oder deprimierten Stimmung aufgrund des vorherigen Spielausgangs. Von einer gewinnorientierten Taktik ist diese Spielweise weit entfernt. Dabei ist es durch das leicht verständliche Regelwerk und die wenigen möglichen Varianten recht einfach, mit ein wenig grundsätzlichem Verständnis der Auswirkungen der Regeln auf das Spielergebnis überwiegend richtige Entscheidungen zu treffen. Während der Kreuzfahrt ging ich fast jeden Abend mit einem kleinen Gewinn aus dem Casino, während die Anfänger regelmäßig verloren und sich vermutlich dachten, wieviel Glück ich doch gehabt haben müsse. Tatsächlich habe ich lediglich alle Entscheidungen über den jeweiligen Einsatz sowie über die während des

Spiels auftretenden Fragestellungen auf der Basis mathematischer Wahrscheinlichkeiten getroffen und dadurch einfach meinem Glück etwas nachgeholfen.

„Winner Winner, Chicken Dinner!"

Dieser Ausruf wird heutzutage in Zusammenhang mit Spielen aller Art verwendet, wenn man Erfolg hatte und beim Spiel gewonnen hat. Die genaue Herkunft des Spruchs ist unklar, geht aber vermutlich auf eine Situation in einem Casino Anfang des 20. Jahrhunderts zurück. Wenn man noch 1 $ übrig hatte und es einem gelang, diesen beim Blackjack zu verdoppeln, hatte man genug Geld, um sich ein Hühnchen (ein Chicken Dinner) leisten zu können. In dem Film „21" über das MIT Blackjack Team wird dieser Satz aufgegriffen. Er steht seitdem für erfolgreiches Spiel am Blackjack-Tisch.

Wie bereits der Untertitel ausdrückt, richtet sich dieses Buch in erster Linie an Freizeitspieler. Ich verstehe darunter Leute wie mich, die auf Urlaubsreisen oder zu sonstigen Gelegenheiten schonmal Blackjack spielen, dabei kleine Beträge setzen und sich freuen, wenn sie mal ein bisschen gewinnen. Im Gegensatz dazu gibt es natürlich auch Berufsspieler oder auch solche, deren Haupthobby das Spielen ist. Diese setzen regelmäßig mehr Kapital ein und sind spezialisiert auf Strategien sowie eventuell auch Zählmethoden. Wenn du zu dieser Gruppe der Blackjack-Spieler gehörst, wirst du in diesem Buch vermutlich nur wenig Neues erfahren.

Für die Freizeitspieler hingegen werden die Informationen, wie man durch taktische Entscheidungen und ein wenig strategisches Wissen die Gewinnchancen beim Blackjack drastisch positiv beeinflussen kann, sicherlich von großem Wert sein.

Ich selbst bin absoluter Hobby- und Freizeitspieler. Dem Spielen wurde in meiner Familie immer viel Bedeutung beigemessen und ich erinnere mich noch heute gern an die vielen verregneten Herbsttage, an denen meine Eltern mit mir Mau-Mau, Rommé oder Mensch-ärgeredich-nicht gespielt haben.

Mein Opa Willi hingegen war ein reinrassiger Zocker, für den Spiele meistens nur dann interessant waren, wenn sie mit Einsätzen und Gewinnmöglichkeiten verbunden waren. So brachte er mir bereits im Kindesalter die deutsche 32-Blatt-Variante des Blackjack bei, die als „17 und 4" bekannt ist. Mit hoher Wahrscheinlichkeit war dieses Kartenspiel auch für meine Geburt deutlich vor dem errechneten Termin verantwortlich. Wenn man nämlich meiner Mutter Glauben schenken darf (und für gewöhnlich ist sie vertrauenswürdig), spielten meine Eltern mit meinem Opa und den Schwestern meiner Mutter am 22. November 1970 den ganzen Abend 17 und 4. Nach ein paar Bier habe mein Opa immer, wenn ein Ass mit einer kleinen Karte aufgedeckt oder als Deckblatt gezogen wurde, in Westerwälder Mundart ausgerufen „Schande öm die Ass". Meine Mutter muss an diesem Abend viel und heftig gelacht haben. In der

Nacht setzten bei ihr die Wehen ein, und am nächsten Mittag war ich dann da!

Wahrscheinlich hat das alles ein wenig auf mich abgefärbt. Jedenfalls spiele ich bis heute für mein Leben gern. Meine Favoriten sind neben Sport- und Videospielen ganz klar Schach, Texas Hold'em Poker und Blackjack. Insbesondere am Blackjack mag ich die Geschwindigkeit und die grundsätzlich einfache Spielgestaltung.

Einige von euch haben sich sicher gefragt, warum jetzt noch ein Buch über Blackjack erscheint. Gibt es denn davon nicht schon so viele? Doch, das ist richtig. Ich selbst habe über die Jahre einiges über Blackjack gelesen. Manche Informationen waren falsch, manche überflüssig, manche aber auch richtig gut und sehr wichtig. Meine persönliche Meinung über viele Bücher zum Thema Blackjack ist, dass sie zu sehr ins Detail gehen, sodass sie nur für mehr oder weniger professionelle Spieler interessant sind, die bereit sind, wirklich viel Zeit und Mühe zu investieren, um ihr Spiel zu verbessern. Solche Bücher sind oft auch sehr dick, üppig ausgestattet und haben als entsprechend spezialisierte Sachbücher meistens auch ihren Preis. Sprich: Sie sind relativ teuer. Oft zu teuer, als dass ein Freizeitspieler bereit wäre, diesen Preis zu zahlen. Im Ergebnis spielen viele Freizeitspieler regelmäßig deutlich schlechter als routinierte Vielspieler. Das ist eine logische Konsequenz, denn egal, über welches Thema wir sprechen: Wer sich viel damit beschäftigt und größere Erfahrung hat, wird sich immer besser auskennen und erfolgreicher agieren können. Das bedeutet aber nicht, dass Freizeitspieler für immer schwache Spieler bleiben müssen. Gerade beim Blackjack gibt es einige grundsätzliche Informationen, die schon mit ein wenig Verständnis für die Systematik hinter dem Regelwerk dazu beitragen können, das Verhältnis zwischen Gewinnen und Verlusten sehr zu unseren Gunsten zu verändern.

Für dieses Buch will ich mich auf solche Basisinformationen beschränken. Dir wird vielleicht auffallen, dass es in dem Buch keine Farbseiten gibt und Kartendarstellungen oder Zeichnungen sehr einfach gehalten und auf das absolut Notwendige reduziert sind. Das sind Maßnahmen, die dazu beitragen, das Buch möglichst günstig anbieten zu können. Ich hoffe also hier auf dein Verständnis, denn jeder Euro, den du hier sparst, erhöht deine Bankroll…

Und nun wünsche ich dir viel Spaß beim Lesen!

Thorsten Schmidt,

im Juli 2019

Über das Konzept dieses Buchs

Dieses Buch soll das Regelwerk beim Blackjack verdeutlichen sowie Strategien und Taktik beschreiben, die dir beim Gewinnen am Spieltisch helfen können. Der Aufbau des Buchs orientiert sich dabei in der Form, dass du zunächst allgemeine Informationen erhältst, die dann zunehmend um spezielle Kenntnisse erweitert werden. In der Folge kannst du nach jedem Kapitel gern eine Pause machen, einfach erstmal spielen und das Spiel vor dem Hintergrund der bis dahin vorliegenden Informationen bewerten. Wenn du dich dann dem nächsten Kapitel zuwendest, wirst du sicher verstehen, warum das ein oder andere während deines Spiels gut oder auch nicht gut gelaufen ist. Insofern soll dieses Buch also Schritt für Schritt tiefer in die Materie einsteigen, sodass du idealerweise zunehmend mehr verstehen wirst, auf welche Weise die Anwendung der vorgestellten Strategien und Taktiken Gewinn oder Verlust am Tisch zu deinen Gunsten beeinflussen können. Ich empfehle dir daher, dir die Themen dieses Buchs nicht losgelöst anzulesen, sondern dem aufbauenden Konzept zu folgen und dich vom Allgemeinen zum Speziellen vorzuarbeiten. Ich habe diese Form gewählt, weil es aus meiner Sicht keinen Sinn macht, sich mit Themen wie dem Kartenzählen zu beschäftigen, wenn man nicht versteht, warum mathematische Wahrscheinlichkeiten überhaupt zu unserem Vorteil ausgenutzt werden können. Wenn jetzt der ein oder andere Leser bei dem Stichwort Mathematik die Augen verdreht und am liebsten das Buch weglegen möchte, kann ich das durchaus nachvollziehen – aber keine Sorge: Ich werde zwar an dem ein oder anderen Punkt vorrechnen, warum prozentuale Wahrscheinlichkeiten unser Spiel auf welche Weise beeinflussen sollten, aber ich werde mich hier auf das notwendige Minimum beschränken.

Blackjack ist das am häufigsten gespielte Karten-Glücksspiel der Welt. Das Spiel hat seine Ursprünge im Frankreich des 18. Jahrhunderts, wobei das Spiel „Vingt-et-un" (dt. „21") eher dem auch in Deutschland üblichen „17 und 4" entsprach und mit einem französischen Spiel à 32 Blatt gespielt wurde. Blackjack, wie wir es heute kennen, entstand erst zu Beginn des 20. Jahrhunderts in Amerika. Die Beliebtheit des Spiels resultiert ganz maßgeblich aus seiner Geschwindigkeit und den einfachen Regeln. Die Tatsache, dass mit etwas Glück immense Gewinne möglich sind, lässt die Menschen in Scharen zu den Blackjack-Tischen in Casinos auf der ganzen Welt strömen.

Im Gegensatz zu passiven Spielen wie Roulette kommt beim Blackjack der Umstand zum Tragen, dass der Spieler mit eigenen Entscheidungen aktiv auf den Spielverlauf Einfluss nehmen kann. Das hat dazu geführt, dass manche Spieler durch bestimmte Strategien und Vorgehensweisen sehr hohe Geld-summen gewinnen konnten. Die mediale Aufarbeitung solcher Strategien in Trivialliteratur und Filmen hat den Hype um das Spiel weiter befeuert.

Und wenn du schonmal in einem Casino gesessen, die Atmosphäre genossen und bei einem guten Gewinn das Adrenalin in deinen Ohren rauschen gehört hast, weißt du, was für ein unvergleichliches Erlebnis das ist. Hinzu kommt, dass man Blackjack auch schon mit kleinen Einsätzen spielen kann, ganz im Gegensatz zu Poker, wo einen bei begrenzter *Bankroll* schon die ersten Einsätze der anderen Spieler auffressen können. Beim Blackjack hingegen bist du von den Einsätzen der anderen Spieler am Tisch unabhängig. So ist es möglich, dass du gerade 5 € gesetzt hast, während der Spieler neben dir im selben Spiel 500 € setzt – und die vielleicht noch splittet und verdoppelt.

Aber unabhängig davon, ob du gewinnst oder verlierst, Blackjack ist eins der aufregendsten und fesselndsten Spiele der Welt, und es gibt wohl kein Casino, wo das Spiel nicht angeboten wird.

Spielregeln

Das Besondere am Blackjack sind die einfachen Regeln. Wer einige Runden am Spieltisch zugeschaut hat, wird anhand des Spielgeschehens schon die meisten Regeln verstanden haben. Interessant wird es, wenn man etwas tiefer in die speziellen Möglichkeiten der Variation einsteigt, denn dadurch kann sich der Spielverlauf entscheidend verändern.

Allgemeine Regeln und Spielablauf

Für das Spiel wird ein Pokerspiel mit 52 Karten verwendet. Je nach Casino werden mehrere Decks gleichzeitig benutzt. Üblich ist die Verwendung von sechs oder sogar acht Decks, sodass insgesamt 312 beziehungsweise 416 Karten im Spiel sind.

Beim Blackjack spielt man nicht gegen andere Spieler, sondern jeder Spieler spielt für sich gegen den Dealer. Der Dealer teilt reihum einzeln Karten an die Spieler aus, die einen Einsatz gesetzt haben. Der Dealer selbst erhält ebenfalls Karten. Im ersten Zug werden an jeden Spieler je zwei Karten offen ausgeteilt. Je nach Gepflogenheit des Casinos erhält der Dealer entweder nur eine Karte, oder aber er erhält ebenfalls zwei Karten, von denen eine jedoch verdeckt zugeteilt wird.

Ziel des Spiels ist es, mit seinen Karten möglichst nah an den Wert 21 heranzukommen, ohne diesen Wert jedoch zu überschreiten. Nach dem Geben beginnt der Dealer das Spiel mit der *„First Base"*, also mit dem aus seiner Sicht links sitzenden Spieler. Dieser kann auf Basis seiner Starthand, wie die ersten beiden Karten genannt werden, entscheiden, ob er eine weitere Karte erhalten möchte. Dies wiederholt sich so lange, bis der Spieler keine weitere Karte erhalten möchte oder der Additionswert seiner Karten höher als 21 ist. Damit hätte er sich dann überkauft und sein Einsatz wäre verloren. Erst, wenn der erste Spieler seine Spielentscheidungen beendet hat, geht der Zug an den links von ihm sitzenden Spieler. Der Ablauf wiederholt sich so lange, bis alle Spieler ihre Züge beendet haben oder durch Überkaufen ausgeschieden sind. Erst dann deckt der Dealer seine verdeckte Karte auf beziehungsweise zieht seine zweite Karte. Von nun an verhält sich der Dealer wie ein normaler Spieler. Das bedeutet, er wird ebenfalls so lange Karten ziehen, bis er einen Wert nahe 21 erreicht hat oder sich überkauft. Allerdings gibt es für den Dealer Sonderregeln, die die Spieler nicht beachten müssen. So muss er ungeachtet der Summenwerte der noch aktiven Spieler weiter Karten ziehen, wenn er 16 oder weniger Punkte erreicht hat. Hat seine Hand einen Wert von 17 oder mehr Punkten erreicht, darf er keine weitere Karte mehr ziehen. Aus diesem Umstand resultiert die Möglichkeit der Spieler, durch taktisches Verhalten ihre Gewinnmöglichkeiten zu erhöhen. Doch dazu später mehr.

Ein Spieler gewinnt, wenn die Summe seiner Kartenwerte höher ist als die des Dealers. Wenn sich der Dealer überkauft, gewinnen alle Spieler, die noch im Spiel sind, d.h. die sich nicht zuvor überkauft haben. In dem Fall erhält man seinen Einsatz im Verhältnis 1:1 zurück. Hat man also beispielsweise 5 € gesetzt, wird der Dealer einen weiteren 5 € Chip aus der Bank zum Einsatz legen. Liegt die Summe der Kartenwerte unter der des Dealers, hat man das Spiel verloren und der Einsatz wird durch den Dealer eingezogen. Haben Spieler und Dealer denselben Wert erreicht, steht es unentschieden (*Push*). Der Spieler erhält in diesem Fall seinen Einsatz zurück.

Nach der Auszahlung zieht der Dealer alle gespielten Karten ein, und die nächste Runde beginnt.

Bis hierher kann man also sagen, dass Blackjack ein schnelles und einfaches Spiel ist. Allerdings gibt es verschiedene Spielsituationen, die dem Spieler taktische Entscheidungen ermöglichen. So ist Blackjack zwar ein Glücksspiel, da es vom Zufall abhängt, welche Karten Spieler und Dealer erhalten. Dennoch kann durch richtige taktische Entscheidungen die Wahrscheinlichkeit, eine Runde zu gewinnen, beeinflusst werden. Ebenso besteht zu bestimmten Gelegenheiten die Möglichkeit, den Einsatz zu erhöhen, um bei einer guten Chance mehr zu gewinnen.

Abbildung:
Das typische Design eines Blackjack-Tisches besteht aus bis zu 7 Spielerboxen. Auf der Tischmitte sind für gewöhnlich die an diesem Tisch geltenden Grundregeln

18

sichtbar, etwa in welcher Quote der Blackjack ausbezahlt wird oder bis zu welchem Wert der Dealer weitere Karten nehmen muss. Der Dealer befindet sich an der gegenüberliegenden Seite des Tisches und teilt aus seiner Sicht von links nach rechts die Karten aus. In der Abbildung würde also der Spieler auf der rechten Box die erste Karte erhalten.

Kartenwerte

Um zu verstehen, wie man die Summen errechnet, muss man natürlich die Werte der einzelnen Karten kennen. Das ist nicht weiter schwierig, soll aber vor den weiteren Ausführungen hier kurz dargestellt werden:

a) Zahlenkarten

   Die Karten von 2 bis 10 werden entsprechend ihres Nennwerts gezählt.

b) Bildkarten

   Buben (J), Damen (Q) und Könige (K) zählen 10 Punkte.

c) Asse

   Ein Ass (A) zählt alternativ 1 oder 11 Punkte. Der Spieler muss hier keine aktive Entscheidung treffen, sondern der Kartenwert wird immer zu seinen Gunsten angenommen. Allerdings gilt dasselbe auch für den Dealer.

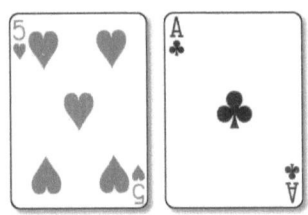

Abbildung:
Ein Ass wird alternativ als 1 oder als 11 gezählt. Hierzu bedarf es keiner aktiven Entscheidung des Spielers, sondern es wird automatisch der für den Spieler günstigste Fall angenommen.
In diesem Beispiel kann die Kombination sowohl 6 als auch 16 Punkte betragen. Wenn der Spieler hier stehen bleibt, wird automatisch angenommen, dass er 16 Punkte hält. Zieht er aber als nächste Karte eine 7, hätte er sich bei der Wertung als 16 mit 23 Punkten überkauft. Aus diesem Grund würde in dem Fall das Ass automatisch mit 1 gewertet, sodass die Gesamtsumme nun bei 13 Punkten läge.

Innerhalb eines Kartenwerts gibt es keine Abstufungen oder Teilwertungen. Anders als beispielsweise beim Poker hat also ein König keinen höheren Wert als eine 10 oder ein Bube. Auch die Farbe hat keinen Einfluss auf den Wert einer Karte.

Der Blackjack

Die Spielsituation, die dem Kartenspiel den Namen gab, liegt vor, wenn ein Spieler (oder der Dealer) mit nur zwei Karten 21 Punkte erreicht. Anhand der zuvor dargestellten Kartenwerte kann dieses Ergebnis nur durch Kombination eines A mit einer 10 oder eines A mit einer Bildkarte erzielt werden.

Abbildung:
Als Blackjack bezeichnet man die Kombination aus einem Ass und einer Bildkarte oder einer 10. Nur auf diese Weise kann mit lediglich zwei Karten der Wert 21 erreicht werden.

Auch beim Blackjack gibt es keine Abstufungen, d.h. jeder Blackjack ist gleich viel wert, nämlich 21 Punkte. Allerdings schlägt der Blackjack Kartenwertsummen von 21 Punkten, die mit mehr als 2 Karten erzielt wurden.

Wenn ein Spieler einen Blackjack erzielt, ist die aktuelle Runde für ihn beendet. Wenn der Dealer keine erste Karte hat, die ebenfalls einen Blackjack ermöglicht (also ein Ass oder eine Karte mit dem Wert 10), wird der Spieler sofort ausgezahlt.

Erzielt ein Spieler einen Blackjack, wird sein Einsatz mit einem Bonus ausgezahlt, sodass der Spieler nicht nur 100% auf seinen Einsatz erhält (Auszahlung 1:1), sondern üblicherweise 150%. Der Blackjack wird demzufolge im Verhältnis 3:2 ausgezahlt. Wenn der Einsatz also 10 € beträgt, erhält man insgesamt 25 € zurück (10 € Einsatz, 10 € Gewinn und 5 € Bonus).

In der erhöhten Auszahlung liegt einer der entscheidenden Vorteile für den Spieler, der den grundsätzlichen Vorteil der Bank relativiert. Insofern ist eine Auszahlung im Verhältnis 3:2 wesentliche Grundbedingung für ein aussichtsreiches Spiel. Es gibt Casinos, die schlechtere Quoten auf Blackjacks auszahlen, nämlich 6:5. Damit werden die finanziellen Gewinnchancen des Spielers drastisch reduziert. Ich würde in einem solchen Casino nicht spielen.

Verdoppeln und Splitten

Wenn der Spieler seine ersten beiden Karten, also seine Starthand, erhalten hat, kann er (wie oben beschrieben) entscheiden, ob ihm die Summe der Kartenwerte ausreicht, oder ob er eine weitere Karte ziehen will. Das wiederholt sich so lange, bis er entweder keine weitere Karte nimmt oder sich überkauft hat.

Allerdings gibt es beim Blackjack bestimmte Kombinationen der Starthand, die noch weitere Entscheidungen ermöglichen:

d) Verdoppeln

Hat ein Spieler seine ersten beiden Karten erhalten, kann er einmalig seinen Einsatz verdoppeln. Wann dies aus taktischer Sicht sinnvoll ist, wird im weiteren Verlauf erklärt. Hier soll zunächst lediglich der Vorgang erläutert werden. An das Verdoppeln sind nämlich bestimmte Bedingungen geknüpft:

1. Nach dem Verdoppeln bekommt der Spieler eine weitere Karte. (Auf einen Blackjack zu verdoppeln, ist also nicht möglich.)

2. Nach dem Verdoppeln bekommt der Spieler nur noch exakt eine Karte und darf danach nicht mehr weiter ziehen. Hier kann man schonmal böse Überraschungen erleben. Wenn man zum Beispiel auf eine Starthand von 5-4 verdoppelt, und man erhält dann als dritte Karte eine 2, dann hat man gerade mal 11 Punkte. Hier würde man natürlich gern noch weiter ziehen, aber das ist durch das vorangegangene Verdoppeln eben nicht erlaubt.

Aus diesen Gründen bietet sich ein Verdoppeln nur an, wenn man sehr sicher ist, die Hand zu gewinnen. Wie man seine Gewinnchancen richtig einschätzt, wird zu einem späteren Zeitpunkt erklärt.

Abbildung:
Eine Kartenwertsumme von 11 ist eine typische Starthand, die man gegen fast jede Karte des Dealers verdoppeln würde.

e) Splitten

Wenn man eine Starthand aus zwei gleichwertigen Karten erhalten hat, kann man diese splitten. Das bedeutet, dass man mit diesen Karten getrennt weiterspielt. Allerdings muss man dann den zuvor eingezahlten Einsatz für das zweite Blatt noch einmal einsetzen. Die richtige Situation zum Splitten einzuschätzen, erfordert gutes Verständnis der Wahrscheinlichkeiten auf Gewinne mit den getrennten Blättern, weshalb diese Entscheidungsvariante in den Ausführungen zur Grundstrategie eingehend beleuchtet wird.

Nach dem Splitten werden die getrennten Blätter ganz normal weitergespielt, d.h. der Spieler entscheidet separat und nacheinander für jedes seiner beiden Blätter, wie es weiter-gehen soll.

Allerdings gibt es eine Besonderheit: Splittet der Spieler zwei Asse, erhält er für jedes Blatt im Anschluss nur noch jeweils eine weitere Karte. Ergibt sich hieraus ein Blackjack, wird er nicht als solcher gewertet, sondern lediglich als 21 Punkte.

Bei manchen Casinos darf nach dem Splitten beim Zutreffen der genannten Kriterien erneut gesplittet werden, bei anderen nicht. Diese Frage kann der Dealer beantworten.

Abbildung:
Die Starthand A-A entspricht mit 11 + 1 Punkten dem Kartenwert 12, stellt also eine schlechte Hand dar. Durch Splitten erhalte ich hingegen zweimal 11, sodass ich eine gute Chance habe, zweimal 21 Punkte zu erreichen. Aus diesem Grund bietet es sich an, zwei Asse in jedem Fall zu splitten.

Der Dealer darf seine Karten niemals splitten. Er spielt also in jedem Fall nur ein Blatt. Das ist für ihn ein taktischer Nachteil, insbesondere bei Kartenpaaren, die geradezu danach schreien, getrennt zu werden, zum Beispiel 8-8 oder A-A.

Versicherung

Wenn der Dealer als erste Karte ein Ass erhält, bekommen die Spieler die Möglichkeit, ihre Einsätze gegen einen Blackjack des Dealers zu versichern. Das bedeutet, dass man die Hälfte seines Einsatzes in das Versicherungsfeld einzahlt. Erzielt der Dealer nun einen Blackjack, wird diese Versicherung im Verhältnis 2:1 ausbezahlt.

Die Anwendung wird in folgenden Beispielvarianten deutlich:

Der Spieler setzt 10 € und bekommt eine Starthand mit 9-8, hat also einen Kartenwert von 17. Der Dealer deckt ein Ass auf und bietet dem Spieler an, seinen Einsatz zu versichern.

Variante 1:

Der Spieler versichert seinen Einsatz und zahlt 5 € zusätzlich ein. Er zieht keine weitere Karte. Der Dealer erzielt Blackjack. Der Einsatz wird eingezogen, da der Spieler mit 17 Punkten dem Blatt des Dealers unterliegt.

Der Spieler erhält jedoch eine Auszahlung im Verhältnis 2:1 auf seine Versicherungsprämie, insgesamt also 15 €. Er hat damit nichts verloren.

Variante 2:

Der Spieler versichert seinen Einsatz und zahlt 5 € zusätzlich ein. Er zieht keine weitere Karte. Der Dealer erzielt keinen Blackjack. Die Versicherungsprämie wird eingezogen.

- Der Dealer überkauft sich und der Spieler gewinnt 10 €. Dadurch, dass die 5 € Versicherungsprämie verloren sind, beträgt der Reingewinn allerdings nur 5 €.

- Der Dealer zieht eine 6 und hat damit ebenfalls 17 Punkte. Gleichstand. Der Spieler erhält seinen Einsatz zurück, hat aber 5 € durch die Versicherung verloren.

- Der Dealer zieht eine 7 und hat damit 18 Punkte. Der Einsatz wird eingezogen. Der Spieler hat damit sowohl 5 € Versicherung als auch seinen Einsatz von 10 € verloren und daher mit nur einem Blatt 15 € Verlust gemacht.

Die meisten Experten raten dazu, die Versicherung nie in Anspruch zu nehmen. Es handelt sich im Prinzip nur um eine Nebenwette auf einen Blackjack des Dealers, die im besten Fall dazu führt, dass ich aus einem Blatt einen Gewinn entsprechend der Hälfte meines Einsatzes einfahre.

Etikette

Am Spieltisch gelten gewisse Regeln. Wer als Anfänger diese Regeln nicht einhält, wird deswegen nicht rausgeworfen oder beschimpft. Dennoch gebietet es die Etikette, sich mit den Gepflogenheiten vertraut zu machen und sich am Tisch so verhalten, dass Missverständnisse weitgehend ausgeschlossen werden können und sich alle Spieler wohlfühlen.

1. Da Blackjack mit offenen Karten gespielt wird, besteht für den Spieler keine Veranlassung, die Karten anzufassen. Dies ist allein dem Dealer gestattet, der die notwendigen Operationen entsprechend der Anweisungen des Spielers ausführen wird.

2. Die Anweisungen an den Dealer erfolgen üblicherweise mittels Handzeichen oder durch konkludentes Hinzufügen von Chips:

   • *Hit* (weitere Karte) = Klopfen auf den Tisch

- *Stand* (keine weitere Karte) = Schnittbewegung mit der Handfläche über dem Blatt

- *Double-Down* (verdoppeln) = Hinzufügen von Chips in die Box

- *Split* (splitten) = Hinzufügen von Chips am seitlichen Rand der Box

3. Wie die Karten, sollten auch die eingesetzten Chips nicht mehr angefasst werden. Wenn Chips zu Beginn des Spiels in der Box liegen, sind sie eingesetzt. Bei drohenden Missverständnissen, etwa wenn ein Spieler versäumt hat, seinen Gewinn aus der vorherigen Runde zu entnehmen und nun plötzlich zwei Stapel Chips in der Box liegen, wird der Dealer von sich aus nachfragen.

Grundstrategie

Blackjack ist ein Glücksspiel. Das bedeutet, dass Gewinn oder Verlust maßgeblich davon abhängen, welche Karten gerade für die Spieler und für den Dealer aufgedeckt werden. Da wir nicht beeinflussen können, welche Karten wir (oder der Dealer) bekommen, hängt es also vom Zufall oder – um das andere Wort zu gebrauchen – vom Glück ab, ob wir gewinnen oder verlieren. Dennoch hast du vielleicht schonmal im Casino beobachten können, dass manche Leute mal gewinnen oder verlieren, während andere vom Pech verfolgt scheinen und wieder andere doch immer wieder gewinnen. Manchmal mag ein solcher Spieler einfach nur Glück gehabt haben. Es gibt aber durchaus Methoden, die Spielregeln taktisch so auszunutzen, dass unser Risiko, ein Spiel zu verlieren, geringer wird.

Ein wesentliches Instrument, um den Vorteil der Bank gegenüber den Spielern zu relativieren, ist die Grund- oder Basisstrategie für Blackjack. Um die Funktions- weise der Strategie zu verstehen, müssen wir uns zunächst vor Augen halten, wie überhaupt die Wahr- scheinlichkeiten dafür stehen, dass wir gewinnen oder verlieren.

Im Allgemeinen sind Casinospiele hinsichtlich ihrer Regelwerke und Ausschüttungen mathematisch so konzipiert, dass das Casino Gewinn macht. So wohnt jedem Casinospiel ein so genannter Bankvorteil inne. Den Bankvorteil kann man sehr schön am Roulette erklären: Die einfachen Chancen beim Roulette werden 1:1 ausgezahlt. Wenn ich also beispielsweise 10 € auf rot setze, erhalte ich Fall eines Gewinns 20 € zurück. Wenn ein anderer Spieler zur gleichen Zeit 10 € auf schwarz gesetzt hat, verliert er exakt die Summe, die ich gewonnen habe. Die Bank hat an diesem Spielzug nichts verdient. Allerdings gibt es beim Roulette eben nicht nur schwarze oder rote Zahlen, sondern es gibt auch die Null, die weder schwarz noch rot ist. Wir haben also insgesamt 37 Möglichkeiten, wohin die Kugel fallen kann, davon 18 rote Felder und 18 schwarze. Wenn die Kugel auf die Null fällt, sind alle Chips, die auf rot oder auf schwarz liegen, verloren. Nun kann man sagen, dass die Null ja nur selten fällt. Das mag stimmen, aber der Bankvorteil errechnet sich statistisch. Und statistisch dürfte in einem von 37 Fällen die Kugel eben auf die Null fallen. Das entspricht einer Wahrscheinlichkeit von rund 2,7%. Statistisch gewinnt die Bank also 2,7% von jedem Euro, der beim Roulette auf dem Tisch liegt.

Übertragen wir den Gedanken des Bankvorteils nun auf Blackjack: Vom Spielverlauf her ist der Dealer gegenüber dem Spieler theoretisch im Nachteil. Während nämlich der Spieler anhand der Situation frei entscheiden kann, ob er weitere Karten ziehen will, muss der Dealer ziehen, wenn die Summe seiner Kartenwerte 16 oder weniger Punkte ergibt. Er darf hingegen nicht mehr ziehen, sobald er 17 Punkte (oder mehr) erreicht hat. Woraus entsteht also nun der Bankvorteil beim Blackjack, wenn doch die Risiken für den Dealer gleichwertig sind, er aber nicht taktisch darauf reagieren kann? Die Lösung auf diese Frage ergibt sich aus der Reihenfolge des Spiels: Nach den ersten beiden Karten spielt jeder Spieler reihum seine Runde zu Ende. Überkauft ein Spieler sich, ist sein Einsatz sofort verloren, unabhängig davon, ob der Dealer sich später auch überkauft. Während wir also bei einem Unentschieden gegen das Blatt des Dealers nichts gewinnen, verlieren wir beim Überkaufen dennoch alles, selbst wenn auch der Dealer sich überkauft. Der sich aus diesem Umstand zu errechnende Bankvorteil liegt bei rund 5,7% bis 8,0%, ist also im schlimmsten Fall fast dreimal so hoch wie beim Roulette. Sollten wir also vielleicht lieber Roulette spielen? Auf keinen Fall! Denn beim Roulette haben wir keinen Einfluss darauf, wohin die Kugel als nächstes fällt, während wir beim Blackjack durch richtige taktische Entscheidungen den statistischen Vorteil der Bank so weit minimieren können, dass wir uns deutlich höhere Gewinnwahrscheinlichkeiten erarbeiten können.

Die nachfolgend erläuterte Strategie beruht auf den mathematischen Wahrscheinlichkeiten, die sich aus der Anzahl der jeweiligen Kartenwerte im Spiel ergeben. Dabei ist in erster Linie nicht relevant, mit wie vielen Decks gespielt wird, da das Verhältnis sich nicht ändert. Zur Verdeutlichung: In einem Kartenspiel gibt es 4 Spielfarben (Kreuz, Pik, Herz und Karo). Das Spiel besteht also zu gleichen Teilen aus Reihenfolgen der je Spielfarbe vorhandenen Karten. Da es 13 verschiedene Karten gibt und die Farben beim Blackjack keine Rolle spielen, beträgt daher die Wahrscheinlichkeit für jede Karte 1:13. Das bedeutet, dass es sich bei jeder Karte, die aufgedeckt wird, mit derselben Wahrscheinlichkeit um eine 2 handeln kann wie um ein Ass, um eine 4 oder eine 9. Die Wahrscheinlichkeit, einen bestimmten Kartenwert zu ziehen, liegt also bei 7,7%. Spannend wird es allerdings, wenn wir uns in Erinnerung rufen, dass es vier verschiedene Karten mit dem Kartenwert 10 gibt, nämlich 10, J, Q und K. Daraus folgt, dass die Wahrscheinlichkeit, mit der nächsten Karte einen Wert von 10 zu treffen, viermal so hoch ist, wie jeden anderen Wert zu treffen. Die Wahrscheinlichkeit beträgt hier also 4:13 oder rund 30,8%.

Der Hauptfehler, den Anfänger beim Blackjack machen, besteht darin, sich nur das eigene Blatt anzuschauen. Wenn ich eine 16 habe, ziehe ich dann noch? Die Antwort ist ein klares „Das kommt darauf an". Grundsätzlich ist ein Wert von 16 schonmal ein ganz beschissenes Blatt. Die Summe ist zu niedrig, um gegen jedes nicht überkaufte Blatt des Dealers bestehen zu können, aber eigentlich schon zu hoch, um noch eine Karte zu ziehen. Der Anfänger steckt hier also in einem Dilemma und wird vermutlich mehr aus dem Bauch heraus zwischen Pest und Cholera wählen. Die Statistik spricht im Grundsatz dagegen, noch eine Karte zu ziehen, denn jede Karte, die höher als 5 ist, führt zum Überkaufen. Das Ass ist hiervon ausgenommen, denn es würde ja nur 1 zählen. Das bedeutet, dass wir uns in 53,8% aller Fälle überkaufen werden. Mit diesem Wissen würde sich nun der Anfänger vermutlich kategorisch gegen eine weitere Karte entscheiden.

Der geübte Spieler hingegen wird die Entscheidung davon abhängig machen, welche Karte der Dealer hat. Dadurch, dass dem Dealer vorgeschrieben ist, dass er mit 16 noch ziehen muss, gibt es nämlich manche Startkarten, die für ihn ein Überkaufen sehr wahrscheinlich machen. Andere Karten wiederum begründen die hohe Wahrscheinlichkeit für ihn, bereits mit einer weiteren Karte 17 oder mehr Punkte zu erreichen. Wenn der Dealer beispielsweise eine 9 als erste Karte aufgedeckt hat, zieht er mit einer Wahrscheinlichkeit von 7:13, also ebenfalls 53,8%, eine Karte, die 8 oder mehr Punkte zählt. Daraus folgt, dass mein eigenes Risiko, mit einer 16 gegen eine 9 des Dealers zu verlieren, gleich hoch ist, egal, ob ich noch eine Karte ziehe oder nicht. Hinzu kommt der Umstand, dass es auch noch 5 Kartenwerte gibt, mit denen ich mein Blatt verbessern kann. Das wäre nämlich mit einem Ass ebenso der Fall wie mit allen Karten zwischen 2 und 5. Mit einer Wahrscheinlichkeit von 5:13 oder 46,2% kann ich daher mindestens ein Unentschieden erreichen oder die Runde sogar gewinnen. Ich muss mir vor Augen halten, dass der Dealer ja auf jeden Fall Karten nehmen muss, bis er 17 oder mehr Punkte erreicht hat. Wenn ihm dies gelingt, ist eine gehaltene 16 ebenso verloren, als wenn ich nur 12 Punkte auf der Hand hätte. Da der Dealer also nicht aufhören wird, Karten nachzuziehen, bis er nicht mindestens 17 Punkte hat, ist eine 16 nicht mehr wert als jede Summe darunter. Lediglich das Risiko des Überkaufens steigt, je höher meine Starthand ist. Obwohl also eine harte 16 eine schlechte Starthand ist, ist das Risiko, gegen eine hohe Karte des Dealers zu verlieren höher, wenn ich keine weitere Karte nehme. Mit diesem Wissen wird der geübte Spieler in dieser speziellen Situation immer noch eine Karte nehmen.

Abbildung:
Eine Hard-16 ist eine schlechte Starthand. Ob ich damit noch eine weitere Karte ziehe, hängt davon ab, welche Karte der Dealer aufgedeckt hat. Handelt es sich dabei um eine 7 oder eine höhere Karte, ist es taktisch sinnvoll, noch eine Karte zu nehmen – selbst wenn ich mich in 53,8% der Fälle damit überkaufe.

Ganz anders verhält es sich hingegen, wenn die erste Karte des Dealers eine 4, 5 oder 6 ist. In diesen Fällen hat er nämlich ein sehr hohes Risiko, sich zu überkaufen. Geübte Spieler werden in diesem Fall eine 16 (aber auch eine 12 oder 13) halten und keine weitere Karte kaufen.

Wir erkennen anhand dieser Beispiele, dass bei identischer Ausgangslage der eigenen Hand unterschiedliche taktische Entscheidungen unter Berücksichtigung der Karte des Dealers dazu beitragen, unsere Gewinnchancen zu steigern. Die Wahrscheinlichkeit, dass der Dealer sich überkauft, lässt sich für jede einzelne Karte berechnen. Aus dieser Berechnung wurde durch Mathematiker bereits in den 1950er Jahren eine Strategie entwickelt, die aus der Relation zwischen den eigenen Karten und der ersten Karte des Dealers die statistisch richtige Entscheidung darstellt. Auf diese Strategie wird im folgenden detailliert eingegangen. Um zu verdeutlichen, wie stark sich die Anwendung auf die Wahrscheinlichkeiten auswirkt, soll der prozentuale Bankvorteil als Referenz dienen:

Wie bereits zu Beginn dieses Kapitels ausgeführt, beträgt der grundsätzliche Bankvorteil schlimmstenfalls rund 8,0%. Dadurch, dass der Blackjack 3:2 ausgezahlt wird, reduziert sich der Vorteil auf 5,7%. (Das ist auch der Grund, wieso ich niemals in einem Casino spielen würde, in dem die Auszahlungsquote für einen Blackjack nur 6:5 beträgt.) Wenn ich immer die richtigen Entscheidungen in Bezug auf „Halten oder Ziehen" treffe, reduziert sich der Vorteil der Bank weiter auf 2,2%. Allein durch diese Umstände ist es uns also bereits gelungen, der Bank fast drei Viertel ihrer Übermacht abzunehmen. Aber es geht noch weiter: Wenn ich in den richtigen Situationen verdopple, sinkt der Vorteil der Bank auf 0,6%, wenn ich zusätzlich auch noch in den richtigen Situationen gleiche Kartenwerte splitte, sogar auf 0,2%.

Das bezieht sich nicht auf jede einzelne Spielrunde, sondern auf die Wahrscheinlichkeit, am Ende des Spiels mit Gewinn nach Hause zu gehen. Wenn dir jetzt noch nicht ganz klar geworden ist, wie sehr sich das auf deine Möglichkeiten auswirkt, möchte ich kurz gegenüberstellen, wie groß der rechnerische Unterschied ist: Der Bankvorteil ist das, was die Wahrscheinlichkeit zu unseren Ungunsten beeinflusst. In einem Spiel mit einer Fifty-fifty-Chance sollten die Gewinnchancen für jeden Beteiligten 50,0% betragen. Wenn aber der Bankvorteil beim Blackjack 8,0% beträgt, liegen die Gewinnchancen für Spieler, die nur nach Gefühl spielen, bei lediglich 42,0%. Wer aber nur in Casinos mit 3:2-Auszahlung auf Blackjack spielt und konsequent die richtigen Entscheidungen trifft, hat hingegen eine Gewinnwahr-scheinlichkeit von 49,8%. Dieser Unterschied ist schon enorm, sodass es sich auf Dauer in jedem Fall auszahlt, sich die Strategie zu eigen zu machen.

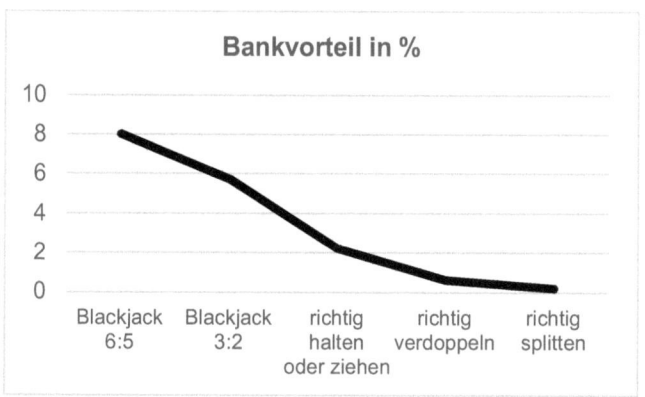

Abbildung:
Durch die Auszahlungsquote für Blackjack sowie richtige taktische Entscheidungen können Spieler den Bankvorteil von rund 8,0% auf 0,2% reduzieren.

Hard Hands und Soft Hands

Als harte Hand bezeichnet man konkrete Summen aus Kartenwerten, die nur exakt mit dieser Zahl gewertet werden können. Eine Hard-16 besteht also zum Beispiel aus den Kombinationen 10-6 oder 9-7. Das Gegenteil davon wäre eine Soft-16, die zum Beispiel aus der Kombination A-5 besteht. Das Problem bei harten Händen ist, dass man sich unter Umständen mit dem Ziehen nur einer weiteren Karte sofort überkaufen kann, während man bei einer weichen Hand dieses Risiko nicht hat. Um bei dem Beispiel zu bleiben: Eine Soft-16 zählt wahlweise 6 oder 16, je nachdem, was nach der nächsten Karte für den Spieler vorteilhaft ist. Wenn auf eine Hard-16 beispielsweise eine 9 gezogen wird, hat sich der Spieler mit 25 überkauft. Hingegen führt das Ziehen einer 9 auf eine Soft-16 zu einer Kartenwertsumme von 15. In dem Fall hat der Spieler sich zwar verschlechtert, aber noch nicht verloren.

Die Starthand 8-8 wäre theoretisch auch eine Hard-16, die identischen Einzelwerte räumen uns aber die Möglichkeit ein, die Karten zu splitten. Insofern wird auf Kartenpaare in der Grundstrategie gesondert eingegangen.

Nachfolgend werde ich die Basisstrategie für alle denkbaren Starthände erläutern. Diese bezieht sich auf das gängigste Regelwerk, das in nahezu allen Casinos Anwendung findet. Im Anhang findest du aber alle

Entscheidungen (ohne Erläuterungen) noch einmal gesammelt auf einen Blick.

Abbildung:
Bei einer Starthand wie Hard-16 besteht ein hohes Risiko, sich mit der nächsten Karte zu überkaufen, da jede Karte mit einem Wert von 6 oder mehr zur Überschreitung der Summe von 21 Punkten führen würde. Ein Ass wäre hiervon ausgenommen, da es zugunsten des Spielers automatisch als 1 gewertet würde. Dennoch liegt die Wahrscheinlichkeit, sich bei dieser Starthand mit der nächsten Karte zu überkaufen, bei rund 53,8%.

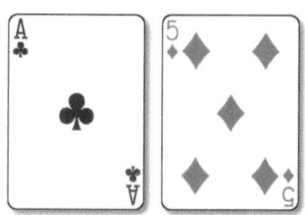

Abbildung:
In Kombination mit einem Ass ist die Summe der Kartenwerte variabel, da Asse mit dem Wert 1 oder dem Wert 11 gezählt werden, je nachdem, was für den

Spieler von Vorteil ist. Die gezeigte Starthand bezeichnet man daher als Soft-16, da sie momentan als 16 gezählt wird. Würde die nächste Karte aber zum Überkaufen führen, wird das Ass automatisch nur noch mit dem Wert 1 gezählt. Obwohl also die Summe der Starthand auf den ersten Blick identisch mit der zuvor gezeigten Hard-16 ist, besteht hier kein Risiko, sich zu überkaufen.

Strategie für Hard Hands

Für harte Hände lassen sich die Spielentscheidungen sehr einfach berechnen. Bis zu einer Summe von 8 wird grundsätzlich nachgezogen. Mit 17 oder mehr wird nicht mehr gezogen. Diese beiden Aussagen gelten unabhängig von der Karte des Dealers. Aus den Wahrscheinlichkeiten, dass der Dealer eine höhere Punktzahl erreicht als der Spieler beziehungsweise dass er sich überkauft, ergeben sich die nachfolgend dargestellten taktischen Entscheidungen:

Abbildung:
Starthand = 8 Punkte (oder weniger)

Wenn wir mit unseren ersten beiden Karten 8 oder weniger Punkte erreichen, lautet die Empfehlung der Basisstrategie, gegen jede beliebige eine weitere Karte zu ziehen. Zwar würde der Dealer mit Karten im mittleren Punktebereich (4, 5 oder 6) ein relativ hohes Risiko auf ein Überkaufen haben, sodass wir ggf. verdoppeln wollen würden, allerdings bietet unsere Starthand in diesem Bereich nicht die Gewähr, mit ausreichender Sicherheit das Blatt des Dealers zu schlagen, zumal dieser ja auf jeden Fall nachziehen wird, bis er mindestens 17 Punkte erreicht.

Für Paare gelten hier allerdings besondere Regeln, auf die später gesondert eingegangen wird.

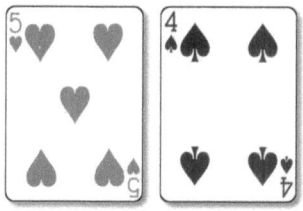

Abbildung:
Starthand = 9 Punkte

Wenn wir mit unseren ersten beiden Karten 9 Punkte erreichen, hat sich hingegen unsere Wahrscheinlichkeit auf ein gutes Ergebnis deutlich erhöht, weshalb wir hier aufgrund einer höheren statistischen Gewinnwahr-scheinlichkeit unseren Einsatz verdoppeln, sofern die erste Karte des Dealers eine 3, 4, 5 oder 6 ist. Hier nutzen wir also aus, dass der Dealer ein relativ hohes Risiko hat, sich im weiteren Spielverlauf zu überkaufen. Zeigt der Dealer hingegen eine 2, eine 7 oder gar eine höhere Karte, ist es vorsichtshalber angezeigt, sich auf einen *Hit* zu beschränken.

Abbildung:
Starthand = 10 Punkte

Eine Starthand mit 10 Punkten ist eine stabile Basis für die Erwartung auf ein hohes Endergebnis. Wie wir bereits zuvor erfahren haben, haben wir eine Wahrscheinlichkeit von 30,8%, bereits mit der nächsten Karte ein Ergebnis von 20 Punkten zu erreichen. Mit einer Wahrscheinlichkeit von weiteren 7,7% erhalten wir ein Ass, das uns den Maximalwert von 21 Punkten bescheren würde und mit jeweils weiteren 7,7% dürfen wir auf den Erhalt einer 8 oder 9 hoffen. Daraus folgt, dass wir insgesamt mit einer Wahrscheinlichkeit von 53,9% davon ausgehen dürfen, mit nur einer weiteren Karte ein Ergebnis von 18 oder mehr Punkten zu erzielen.

In der Folge werden wir diese für uns günstige Starthand zum Anlass nehmen, gegen fast jede Karte des Dealers unseren Einsatz zu verdoppeln, um im Falle des zu erwartenden Gewinns mehr Chips einstreichen zu können. Die Betonung auf der Zielerreichung mit der nächsten Karte resultiert daraus, dass wir ja beim Verdoppeln nur noch eine weitere Karte erhalten, während bei einem *Hit* ja auch noch weiter ziehen dürften. Gegen eine 10 oder ein Ass des Dealers (selbst wenn kein Blackjack vorliegt) ist freilich Vorsicht geboten, so dass wir hier lediglich ziehen werden. Gegen alle anderen Karten (2 bis 9) darf hingegen verdoppelt werden.

Diese Chance sollten wir auch dann nutzen, wenn sich unsere 10 Punkte aus der Kombination 5-5 ergeben – besser werden unsere Chancen nicht!

Abbildung:
Starthand = 11 Punkte

Die beste ausbaubedürftige Starthand, die wir uns vorstellen können, ist eine aus den Kombinationen 9-2, 8-3, 7-4 oder 6-5 entstehende Punktzahl von 11. Nicht

43

nur, dass wir mit einer Wahrscheinlichkeit von 30,8% mit der nächsten Karte unschlagbare 21 Punkte erreichen, auch erhöhen sich die Möglichkeiten auf 18 Punkte oder mehr auf insgesamt 61,6%, sodass wir bei einer solchen Starthand gegen jede Karte des Dealers verdoppeln, es sei denn, er zeigt ein Ass, das ihm als Soft-Hand-Basis zu viele Möglichkeiten eröffnet.

Abbildung:
Starthand = 12 Punkte

Während bei den vorgenannten Beispielen jeder Punkt, um den unsere Starthand anwuchs, für uns von Vorteil war, kehrt sich dieses Verhältnis nun um, da mit jedem Punkt mehr das Risiko steigt, dass wir uns überkaufen. Vor dem Hintergrund dieser Information leuchtet es ein, dass unser Spiel vorsichtiger wird, sobald unsere Punktzahl 12 oder mehr beträgt. Zugleich dürfen wir aber auch nicht vergessen, dass der Dealer ja in jedem Fall weiter Karten ziehen wird, bis er mindestens 17 Punkte hat. Aus diesem Grund ist es angezeigt, hier sehr genau abzuwägen, wie gut unsere Chancen sind, dass wir auch mit einer niedrigen Punktzahl noch gewinnen, weil der Dealer sich möglicherweise überkaufen wird. Daraus folgt, dass wir mit 12 Punkten eine weitere Karte nehmen, sofern der Dealer eine 2 oder 3 aufdeckt, aber auch bei jeder Karte zwischen 7 und A. Lediglich bei Karten, die ein hohes Risiko für den Dealer bedeuten (4, 5 oder 6) sollten wir hier bereits mit 12 Punkten stehen bleiben (*Stand*).

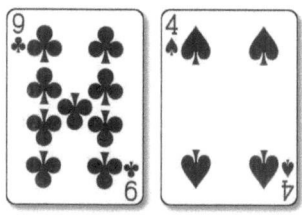

Abbildung:
Starthand = 13 Punkte

Mit einer Starthand von 13 müssen wir noch vorsichtiger werden, sodass wir nur noch gegen 7, 8, 9, 10 oder A des Dealers eine Karte ziehen.

Diese Entscheidung gilt auch für alle Kartenwerte bis 16 Punkte, da sich für das Verhältnis über Sieg oder Niederlage nun nichts mehr ändert.

Abbildung:
Starthand = 17 Punkte (oder mehr)

Sobald wir mit unseren ersten beiden Karten 17 Punkte (oder mehr) erreichen, macht es statistisch keinen Sinn mehr, eine weitere Karte zu ziehen, selbst wenn der Dealer 8, 9, 10 oder A aufdeckt. Das Risiko wäre nun viel zu groß, denn es gibt ja nur vier mögliche Karten, mit denen wir uns nun nicht überkaufen würden (2, 3, 4 und A). Daraus folgt, dass wir mit einer Wahrscheinlichkeit von 9:13 unsere Punktzahl über den zulässigen Maximalwert von 21 Punkten treiben würden. Das Risiko beträgt daher schon bei 17 Punkten 69,2%, bei 18 Punkten sogar 76,9%. Hier noch eine Karte zu nehmen mutet wie Russisches Roulette an, aber ich habe bereits Spieler gesehen, die das getan haben.

Wie wir sehen, fällt die Entscheidung sehr eindeutig aus, wenn die Summe unserer ersten beiden Karten bis zu 8 oder mehr als 16 Punkte beträgt. Bei Werten zwischen 9 und 16 hängt hingegen unsere Entscheidung davon ab, welche Karte der Dealer als erstes aufdeckt. Die dargestellten Entscheidungen basieren auf den statistischen Wahrscheinlichkeiten,

a) eine höhere Punktzahl als der Dealer zu erreichen.

b) dass der Dealer ein hohes Risiko hat, sich zu überkaufen.

c) unser eigenes Risiko des Überkaufens zu minimieren.

So wird eine 9 gegen eine 3, 4, 5 oder 6 des Dealers verdoppelt, weil wir einerseits mit einer Wahrscheinlichkeit von 38,5% als nächstes ein Ass, eine 10 oder eine Bildkarte zu ziehen und damit mit 19 oder 20 Punkten ein wirklich starkes Blatt zu erreichen. Selbst mit einer 8 oder einer 9 würden wir noch 17 beziehungsweise 18 Punkte erreichen. Zudem hat der Dealer bei den genannten Startkarten ein relativ hohes Risiko, sich zu überkaufen. Statistisch gesehen bietet diese Situation uns beim Verdoppeln die Möglichkeit, einen größeren Gewinn einzufahren. Deckt der Dealer für sich hingegen 2, 7, 8, 9, 10 oder A auf, besteht eine relativ hohe Wahrscheinlichkeit, dass er sich im weiteren Verlauf nicht überkaufen, sondern einen Kartenwert zwischen 17 und 21 erzielen kann. In diesem Fall spricht die Statistik gegen ein Verdoppeln, weshalb wir einfach weiter Karten ziehen.

Es mag einem Anfänger schwerfallen zu verstehen, dass man mit Summen von 15 oder 16 noch zieht, wenn der Dealer 7 oder mehr hat. Natürlich widerstrebt es uns, das Risiko des Überkaufens einzugehen. Wie aber bereits zu Beginn dieses Kapitels beschrieben wurde, ist dies aus mathematisch-statistischer Sicht die einzig richtige Entscheidung. Ebenso verhält es sich mit der

Entscheidung, mit 12 oder 13 gegen eine 4, 5 oder 6 des Dealers eben nicht mehr zu ziehen.

Abbildung:
Selbst mit einer schwachen Starthand kann man ohne weitere Karten gewinnen, insbesondere wenn der Dealer ein hohes Risiko hat, sich zu überkaufen. Gegen eine 4, 5 oder 6 sollte selbst mit einer Hard-12 nicht mehr gezogen werden.

Für die Entscheidung *Hit/Stand* ist es im übrigen logischerweise unerheblich, ob die Summe durch die ersten beiden Karten gebildet wird oder bereits mehrere Karten aufgedeckt wurden:

Abbildung:

In diesem Beispiel bestand unsere Starthand aus der Kombination 2-3, betrug also in der Summe 5. Folgerichtig haben wir eine weitere Karte gezogen (Hit) und bekamen eine weitere 2. Da wir nun in Summe 7 Punkte haben, werden wir unabhängig von der ersten Karte des Dealers eine weitere Karte ziehen.

Der Unterschied zu einer aus mehreren Karten bestehenden Zahlensumme gegenüber der Starthand wird jedoch deutlich, wenn höhere Summen erreicht werden:

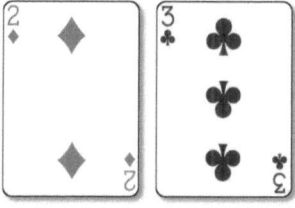

Abbildung:

In diesem Beispiel bestand unsere Starthand ebenfalls aus der Kombination 2-3, betrug also in der Summe 5. Folgerichtig haben wir auch hier eine weitere Karte gezogen (Hit) und bekamen eine 5. Da wir nun in Summe 10 Punkte haben, würden wir gegen nahezu jede Karte des Dealers (außer 10, A) unseren Einsatz verdoppeln wollen. Da die Option des Verdoppelns jedoch nur nach Erhalt der ersten beiden Karten besteht, bleibt uns hier nur die Möglichkeit, weiter Karten zu nehmen, bis wir mit unserem Blatt zufrieden sind.

Strategie für Soft Hands

Weiche Hände stellen für den Spieler natürlich ein viel geringeres Risiko dar, weil sich hieraus variable Optionen ergeben. Gerade, wenn der Dealer eine für die Bank riskante erste Karte hält, also eine 4, 5, oder 6, bieten weiche Hände aber auch die Möglichkeit, durch risikoarmes Verdoppeln mehr Geld auf den Tisch zu bekommen. Wenn ich zum Beispiel eine Soft-14 habe und der Dealer eine 5 aufdeckt, erhalte ich ja nach dem Verdoppeln nur noch eine Karte. Wenn es ganz dumm läuft, bekomme ich eine 8, dann habe ich mich von 14 auf 12 verschlechtert. Aufgrund des hohen Risikos des Dealers, sich zu überkaufen, ist das Verdoppeln an dieser Stelle dennoch die richtige Option, da ich in diesem Fall das Vierfache des anfänglichen Einsatzes einstreichen kann. Sobald das Ziehen weiterer Karten dazu führt, dass das Ass nur noch als 1 gewertet werden kann, gilt im Weiteren die Strategie für Hard-Hands. Im Einzelnen ergeben sich aus der Strategie die folgenden Empfehlungen:

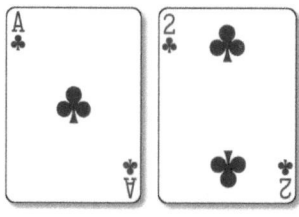

Abbildung:
Starthand = Soft-13 (3 oder 13)

Da die Kombination A-2 jeweils zu unseren Gunsten als 3 oder 13 gewertet wird, haben wir hier die Möglichkeit, unsere Entscheidung davon abhängig zu machen, mit welcher Wahrscheinlichkeit der Dealer sich überkaufen wird beziehungsweise, ob wir unser Blatt verbessern können. Da wir uns bei Soft-Hands zunächst nicht überkaufen können, sind wir hier sehr flexibel in unserer Entscheidung. Die dargestellte Kombination würden wir gegen eine für den Dealer riskante 5 oder 6 sogar verdoppeln. Um das nachzuvollziehen, müssen wir uns bewusst machen, dass wir mit einem weiteren Ass sowie mit jeder Karte unter 9 Punkten unser Blatt verbessern würden. Sofern der Dealer allerdings 2, 3, 4 oder 7, 8, 9, 10 oder A zeigt, beschränken wir uns darauf, eine weitere Karte zu ziehen.

Abbildung:
Starthand = Soft-14 (4 oder 14)

Wenngleich sich unsere Wahrscheinlichkeiten durch die Reduzierung des Spielraums bis 21 um 7,7% verschlechtert haben, spielen wir eine Soft-14 genauso wie eine Soft-13, d.h. gegen 5 oder 6 des Dealers wird verdoppelt, gegen alle anderen Karten wird gezogen.

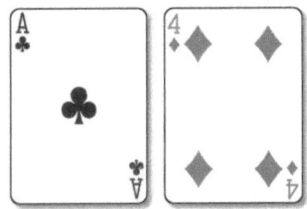

Abbildung:
Starthand = Soft-15 (5 oder 15)

Man sollte zwar meinen, dass sich auch hier durch Erhöhung der Punkte eine Reduzierung der Gewinnwahrscheinlichkeit ergibt, aber das gilt nur für hohe Karten des Dealers. Dadurch, dass uns hier bereits eine 2 reicht, um sichere 17 Punkte zu erreichen, nutzen wir hier noch extensiver die Chance, gegen schwache Karten des Dealers mehr Geld auf den Tisch zu bringen. Konkret würden hier nicht nur gegen 5 oder 6 des Dealers verdoppeln, sondern auch gegen eine 4. Gegen alle anderen Karten des Dealers nehmen wir eine weitere Karte und entscheiden dann neu.

Abbildung:
Starthand = Soft-16 (6 oder 16)

Während eine Hard-16 die denkbar schlechteste Starthand darstellt, da sie einerseits nicht ausreicht, um gegen die kleinste Wertungshand des Dealers (17) wenigstens ein Unentschieden zu erreichen, anderer-seits ein hohes Risiko des Überkaufens beinhaltet, kann man eine Soft-16 entspannt weiterspielen. Da der Dealer mit 4, 5 und 6 für ihn gefährliche Karten hält, würden wir gegen diese Karten auch hier noch verdoppeln, da wir schlimmstenfalls eine 6 bekommen und damit mit 12 Punkten zum *Stand* kommen. Gegen alle anderen Karten auf Dealerseite ziehen wir nach und entscheiden dann neu.

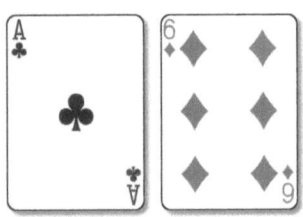

Abbildung:
Starthand = Soft-17 (7 oder 17)

Auch bei einer Soft-17 würden wir eine schwache Position des Dealers mit 3, 4, 5 oder 6 dazu nutzen, durch Verdoppeln unseren Einsatz und damit unseren erhofften Gewinn zu erhöhen. Wir müssen uns dabei vor Augen halten, dass wir mit 2, 3, 4 und A unser Blatt auf 18 bis 21 Punkte verbessern können. Mit einer 10 oder Bildkarte würden wir uns nicht verschlechtern. Daraus folgt, dass unser Blatt mindestens mit einer Wahrscheinlichkeit von 9:13 beziehungsweise 69,2% so stark bleibt, wie es ohnehin bereits ist, oder sich sogar verbessert. Das Risiko, dass wir uns verschlechtern, beträgt also nur rund 30,8%.

Gegen alle anderen Karten des Dealers haben wir ein hohes Risiko, mit 17 Punkten zu unterliegen. Daher riskieren wir in diesen Fällen das Nachziehen einer weiteren Karte und entscheiden dann neu.

Abbildung:
Starthand = Soft-18 (8 oder 18)

Etwas schwieriger gestaltet sich die Entscheidung bei einer Soft-18, da wir hier ja bereits ein sehr starkes Blatt haben. Ohne Zweifel würden wir auch hier eine riskante Position des Dealers mit 3, 4, 5 oder 6 dazu nutzen, durch Verdoppeln unseren Einsatz und damit unseren erhofften Gewinn zu erhöhen.

Wenn der Dealer allerdings eine 2, 7 oder 8 aufdeckt, würden wir es mit der sicheren 18 bewenden lassen. Lediglich gegen 9, 10 oder A, bei denen wir ein hohes Risiko haben, selbst mit 18 Punkten noch zu unterliegen, riskieren wir das Nachziehen einer weiteren Karte und entscheiden dann neu.

Damit sind die differenzierten Entscheidungen im Bereich der Soft-Hands bereits ausgeschöpft, denn bei den Kombinationen, die 19 oder 20 Punkte ergeben, lassen wir uns nicht mehr auf Experimente ein:

Abbildung:
Starthand = Soft-19 (9 oder 19)

Wenn wir eine Soft-19 oder Soft-20 treffen, sollten wir unser Glück nicht weiter strapazieren. Die richtige Entscheidung gegen jede Karte des Gegners lautet hier: *Stand*. Theoretisch könnte man gegen eine riskante Karte des Dealers natürlich auch eine weiche 19 oder 20 verdoppeln. Die Wahrscheinlichkeiten sprechen hier aber eben dafür, das nicht zu tun.

Insgesamt liegt der Vorteil der Soft-Hands also zwar einerseits in der Möglichkeit, aus schlechten Voraussetzungen des Dealers dahingehend Kapital zu schlagen, dass wir durch Verdoppeln mehr Chips einstreichen können, wenn sich der Dealer überkauft. Anderseits eröffnet uns die fehlende Gefahr des Überkaufens aber auch Optionen, mittelmäßige Blätter gegen eine starke erste Karte des Dealers ohne Risiko ggf. noch verbessern zu können.

Abbildung:

In diesem Beispiel bestand unsere Starthand aus der Kombination A-3, betrug also in der Summe 14. Wir konnten daher ohne Risiko eine weitere Karte ziehen. Wenn eine hohe Karte – in diesem Beispiel eine 8 – zum Überkaufen führen würde (14 + 8 = 22), wird das Ass automatisch nicht mehr mit 11, sondern nur noch mit 1 gezählt. Die Summe beträgt also nicht 22, sondern 12. In Fällen, in denen für den Dealer ein hohes Risiko des Überkaufens besteht, würden wir daher auch ein eher schwaches Blatt wie A-3 verdoppeln.

Die entstandenen 12 Punkte entsprechen nun einer Hard-12, da das vorhandene Ass nun lediglich mit 1 gezählt wird. Die Entscheidung, wie mit diesem Blatt nun weiter umzugehen ist, ergibt sich daher aus den vorangegangenen Ausführungen zu Hard-Hands.

Strategie für Paare

Wie das Verdoppeln bietet auch das Splitten gleichwertiger Karten uns die Möglichkeit, mehr Chips auf den Tisch zu bringen. Daraus folgt, dass man insbesondere splittet, wenn der Dealer eine riskante erste Karte hat. Darüber hinaus können aber auch schlecht zu spielende Kartenwertsummen durch das Splitten zu zwei starken Händen werden. Welche Paare in welcher Situation gesplittet werden sollten und welche nicht, ergibt sich aus der folgenden Aufstellung:

Abbildung:
Die Kombination 2-2 ist das kleinste denkbare Paar.

Mit 4 Punkten hat man eine schwache Starthand, die grundsätzlich durch einen *Split* verbessert werden kann. Allerdings würde man dennoch nur dann splitten, wenn der Dealer kein besonders starkes Blatt zu erwarten hat. Hintergrund ist die Tatsache, dass wir natürlich nicht gegen ein starkes Blatt mehr Geld verlieren wollen; schließlich müssen wir ja beim Splitten unseren Einsatz für das gesplittete Blatt noch einmal bringen. Im Ergebnis werden wir 2-2 splitten, sofern der Dealer eine 2, 3, 4, 5, 6 oder 7 als erste Karte aufdeckt. Gegen 8, 9, 10 oder A ziehen wir eine weitere Karte und belassen damit unseren Einsatz auf dem ursprünglichen Niveau.

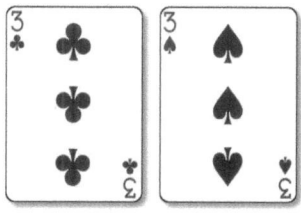

Abbildung:
Die Kombination 3-3 wird genauso gespielt wie 2-2.

Eine Starthand von 6 Punkten ist noch schwächer als das zuvor beschriebene 2er-Pärchen. Das ist dem Umstand geschuldet, dass beim Ziehen unser Risiko höher ist, da wir ja 2 Punkte weniger Spielraum zum Maximalwert haben; würden wir auf 2-2 in Folge die Karten 6 und K ziehen, hätten wir mit 20 Punkten ein respektables Ergebnis, während wir uns bei 3-3 als Starthand in diesem Fall bereits überkauft hätten.

Daraus folgt, dass man hier tendenziell eher verlieren wird. Diese Feststellung hat jedoch auf unsere Entscheidung statistisch keine Auswirkungen, denn ebenso wie bei der vorherigen Kombination werden wir auch dieses Paar splitten, sofern der Dealer 7 oder eine kleinere Karte aufdeckt. Gegen 8 oder eine höhere Karte hingegen halten wir unseren Einsatz möglichst gering, da wir mit hoher Wahrscheinlichkeit verlieren werden. In diesem Fall lautet die korrekte Entscheidung: *Hit*!

Abbildung:
Die Kombination 4-4 erfordert spezielle Überlegungen.

Mit einer Starthand von 8 Punkten hat man grundsätzlich eine gute Ausgangslage, um durch Nachziehen 17 oder mehr Punkte zu erreichen, da hierzu 9, 10 oder A ausreichen. Unsere Wahrscheinlichkeit hierfür beträgt also 6:13 oder 46,2%. Hinzu kommt, dass wir mit einer 2 oder 3 unsere Ausgangslage sogar noch verbessern. Insgesamt spricht also eine Wahrscheinlichkeit von 61,6% dafür, dass wir durch einen *Hit* eine Gesamtpunktzahl von 17 bis 21 Punkten erreichen. Insofern werden wir dieses Paar nur splitten, wenn der Dealer eine für ihn sehr riskante erste Karte aufdeckt (5 oder 6). In allen anderen Fällen wird die Kombination 4-4 also wie eine Hard-8 gespielt und einfach nachgezogen.

Abbildung:
Die Kombination 5-5 ist eine starke Starthand.

Wie wir bereits zur Strategie für Hard-Hands gelernt haben, sind 10 Punkte eine solide Basis, um durch Verdoppeln mit hoher Wahrscheinlichkeit gegen die meisten Karten des Dealers einen höheren Gewinn einzufahren. Diese guten Voraussetzungen werden wir uns hier nicht durch Splitten verderben, sodass bei 5-5 ebenfalls das Verdoppeln die richtige Entscheidung ist, sofern der Dealer nicht 10 oder A aufgedeckt hat.

Abbildung:
Die Kombination 6-6 ist eine schwierige Starthand.

Im Gegensatz zu dem zuvor dargestellten Paar ist eine Starthand von 6-6 schwierig zu spielen. Die Summe der beiden Karten (12) bedingt einerseits bereits das Risiko des Überkaufens bereits mit der nächsten Karte, andererseits führt das Splitten zu zwei schwachen Ausgangspositionen mit jeweils 6 Punkten. Was also ist zu tun? Auch hier machen wir unsere Entscheidung konsequent von der Karte abhängig, die der Dealer für sich aufgedeckt hat: Bei 2, 3, 4, 5 oder 6 bietet es sich an zu splitten. Unsere weiteren Entscheidungen machen wir von den Folgekarten abhängig. Sobald die Karte des Dealers jedoch 7 oder höher ist, behandeln wir 6-6 wie eine Hard-12, was bedeutet, dass wir ungeachtet des hohen Risikos weitere Karten nehmen, bis wir mindestens 17 Punkte erreichen.

Abbildung:
Die Kombination 7-7 ist anspruchsvoll zu spielen.

Auch ein 7er-Pärchen ist nicht ganz einfach zu spielen, da hier verschiedene Aspekte berücksichtigt werden müssen. Auf der einen Seite stellen 14 Punkte natürlich einen kritischen Wert für das Ziehen einer weiteren Karte dar, da wir uns mit jeder 8, 9 oder 10 sofort überkaufen würden. Das entspricht einer Wahrscheinlichkeit von 6:13 oder 46,2%. Insofern werden wir diese Option nur ins Auge fassen, wenn ein Splitten nicht zielführend ist. Wenn wir splitten, erhalten wir zwei Hände je 7, was gegen schwache Karten des Dealers eine ganz gute Ausgangsposition darstellt. Immerhin würden wir bei jeder unserer beiden neuen Hände mit 2, 3, 4, 10 oder A unser Blatt verbessern, was einer Erfolgswahrscheinlichkeit von 8:13 oder 61,6% entspricht. Allerdings würden wir damit ja auch noch einmal unseren Grundeinsatz bringen müssen und das wäre gegen eine gute Karte des Dealers leichtsinnig; was bringt es uns, wenn wir zweimal eine 10 zu unseren jeweils 7 erhalten und damit 17 Punkte erreichen, wenn der Dealer 18 oder mehr erzielt? Vor diesem Hintergrund macht das Splitten (und damit der doppelte Einsatz) nur dann Sinn, wenn der Dealer als erste Karte 7 oder weniger aufdeckt. Der Grund hierfür leuchtet leicht ein: Wenn der Dealer eine 7 hat, gehen wir mit einer Wahrscheinlichkeit von 4:13 davon aus, dass er mit der nächsten Karte 17 Punkte erreicht und damit nicht mehr weiter ziehen darf. Wenn wir unsererseits jeweils 17 Punkte erreichen, erzielen wir zweimal Unentschieden (*Push*), sodass wir unsere Einsätze zurückerhalten und damit nur ein geringes Risiko tragen. Mit A würden wir das Blatt des Dealers sofort schlagen und mit 2, 3 oder 4 unser jeweiliges Blatt in eine sehr gute Position bringen, seine 17 Punkte im weiteren Verlauf überbieten zu können. Gegen 8 (oder eine höhere erste Karte) des Dealers wäre es hingegen leichtsinnig, durch das Splitten den doppelten Einsatz auf den Tisch zu bringen, da wir statistisch ein viel höheres Risiko haben, diese Runde gleich zweimal zu verlieren. Insofern würden korrekterweise gegen 8, 9, 10 oder A des Dealers auch die Kombination 7-7 wie eine Hard-14 spielen und weiter Karten nehmen, bis wir mindestens 17 Punkte erreichen – oder uns eben überkaufen, womit wir im Gegensatz zum Splitten dann aber nur den einfachen Einsatz verlieren würden.

Abbildung:
Ein Pärchen 8er ist das perfekte Beispiel dafür, wie man aus einer schlechten Punktzahl durch Splitten zwei starke Ausgangspositionen kreieren kann.

Eine Hard-16 ist die denkbar ungünstigste Ausgangsposition beim Blackjack, da einerseits der Dealer Karten nehmen muss, bis er mindestens 17 Punkte erreicht und uns damit schon schlagen würde, andererseits aber auch jede Karte über 5 zum Überkaufen führt. Damit haben wir uns bei der Strategie für harte Hände bereits ausführlich auseinandergesetzt. Von daher wird jeder Spieler es sehr begrüßen, dass wir die Kombination 8-8 splitten dürfen. Ob man gegen eine 10 des Dealers splitten sollte, wird selbst unter Experten kontrovers diskutiert. Die Basisstrategie sieht allerdings vor, 8-8 gegen jede Karte des Dealers zu splitten, selbst wir damit zweimal gegen starke Karten des Dealers antreten müssen. Immerhin würden wir mit 9, 10 oder A und damit in 46,2% aller Fälle sofort 17-19 Punkte erreichen und damit unsere zu Beginn sehr schwache 16 deutlich stabilisieren. Mit 2 oder 3 würden wir sogar die Basis schaffen, hohe Endergebnisse von 20 oder 21 Punkten zu erzielen. Damit spricht letztlich die Wahrscheinlichkeit von 61,6% grundsätzlich für das Splitten, selbst wenn wir im Falle eines Verlusts das Doppelte unseres ursprünglichen Einsatzes verlieren.

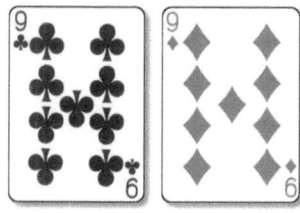

Abbildung:
Die Kombination 9-9 ist eine anspruchsvolle Starthand.

Ob wir ein 9er-Pärchen splitten oder nicht, ist statistisch zwar klar definiert, bedarf jedoch einiger Erläuterungen, um die richtige Situation dafür herauszufinden. Zunächst einmal ist eine Punktzahl von 18 eine gute Ausgangsposition und wir sollten genau verstehen, in welchen Fällen es zielführend sein kann, zugunsten zweier Hände diese stabile Position aufzugeben.

Zunächst wollen wir uns anschauen, wann wir es bei den 18 Punkten bewenden lassen und warum:

Wenn der Dealer als erste Karte eine 7 zeigt, sollten wir davon ausgehen, dass er als nächstes mit einer 10 oder Bildkarte 17 Punkte erreicht. Mit unserer 18 würden wir in diesem Fall sicher gewinnen. Diesen wahrscheinlichen Sieg geben wir nicht aus der Hand, sondern entscheiden uns gegen eine 7 für die Option *Stand*. Ebenso verfahren wir, wenn der Dealer 10 oder A zeigt. Nicht weil wir auch hier sehr wahrscheinlich gewinnen würden, sondern weil es leichtsinnig wäre, wenn wir uns in das Abenteuer stürzen würden, gegen diese starken Karten zweimal antreten zu wollen. Zwar haben wir exakt das zuvor für die Kombination 8-8 bejaht, aber während wir dort mit 16 eine extrem schwache Ausgangsposition hatten, würden wir mit 9-9 doch einiges aufgeben müssen, wenn wir splitten.

Bei allen anderen Anfangskarten des Dealers hingegen (also 2, 3, 4, 5, 6, 8 und 9) ist das Splitten angezeigt. Immerhin bekommen wir dadurch zweimal die Startkarte 9, die mit 6:13 durch eine weitere 2, 10 oder A zu einem richtig starken Blatt wird oder sich mit einer weiteren 9 zumindest nicht verschlechtert. Dass wir damit gegen kleine Karten des Dealers (6 oder weniger) hervorragende Siegchancen haben, versteht sich sicher von selbst. Aber auch gegen eine 8 oder 9 des Dealers macht das Splitten Sinn, da wir darauf hoffen dürfen, mit folgender 9, 10 oder A gleichzuziehen oder mit folgender 2 sogar in eine Position zu gelangen, die es Wert wäre, den Einsatz zu verdoppeln.

Abbildung:
Die Kombination 10-10 kann durch alle Karten mit diesem Zahlenwert gebildet werden.

Anfängern ist oft nicht klar, ob Karten mit dem identischen Wert 10, also 10er und alle Bildkarten, gesplittet werden dürfen. Die Antwort lautet ja; es ist unerheblich, ob die Kombination 10-10, J-J, Q-Q, K-K lautet oder es sich um 10er-Mischungen wie beispielsweise 10-J, K-Q oder sonstige handelt. Diese Kombinationen dürfen gesplittet werden.

Vielmehr muss man sich aber die Frage stellen, wann das Splitten einer solchen Monsterhand überhaupt Sinn machen würde. Die Antwort ist einfach: niemals! Eine Verbesserung dieses Blatts wäre allenfalls durch ein Ass möglich, d.h. nur in 7,7% der denkbaren Fälle. Mit 30,8% Wahrscheinlichkeit würdest du auf jede deiner gesplitteten 10 wiederum eine 10 erhalten. Mit jeder anderen Karte hingegen (und damit mit einer Wahrscheinlichkeit von 61,5%) würdest du dich hingegen verschlechtern – und das nicht nur einmal, sondern auf jeder deiner beiden neuen Starthände. Das macht keinen Sinn!

Abbildung:
Beim Poker nennt man die Kombination A-A „Pocket Rockets". Während es sich beim Poker um eine ausgesprochen starke Starthand handelt, erfordert die Hand beim Blackjack spezielle Kenntnisse.

Zunächst wollen wir uns dem Offensichtlichen zuwenden: Der Zahlenwert eines Pärchens Asse entspricht dem einer Soft-12, d.h. die Karten werden als 2 oder 12 Punkte gezählt, je nachdem, welche Karte als nächstes gezogen würde. Da weder 2 noch 12 eine wirklich gute Basis für ein zufriedenstellendes Endergebnis sind, werden zwei Asse immer (!) gesplittet.

Das klingt jetzt zunächst alles sehr einfach und einleuchtend, schließlich erhalten wir durch das Splitten zweimal 11 Punkte und damit zweimal eine sehr gute Ausgangsposition. Allerdings gelten beim Splitten von Assen besondere Regeln:

1. Nach dem Splitten erhält ja immer jede der gesplitteten Karten eine weitere Karte, um zu einer eigenen Starthand zu werden. Für gewöhnlich kann ich bei allen gesplitteten Karten entscheiden, wie es weitergeht, also ob ich noch mehr Karten erhalten will, ob ich verdoppeln will etc. Im Falle gesplitteter Asse ist das nicht der Fall; auf jedes der gesplitteten Asse erhalte ich nur noch eine weitere Karte und damit ist der Zug beendet. In den meisten Fällen ist das nicht dramatisch, denn wenn ich eine 6 oder eine höhere Karte erhalte, habe ich ja schon mindestens 17 Punkte. Erhalte ich aber zum Beispiel eine 3, dann würde ich die daraus entstehende Soft-14 gern risikofrei weiter ausbauen. Im Falle des vorherigen Splittens der Asse ist das aber eben nicht zulässig.

2. Wenn ich zu einem gesplitteten Ass eine 10 oder Bildkarte erhalte, entspricht die Kombination einem Blackjack. Resultiert die Kombination allerdings aus zuvor gesplitteten Assen, wird sie nicht als Blackjack gewertet, sondern lediglich als 21 Punkte. Das hat für mich zwei große Nachteile: Erstens erfolgt die Auszahlung nicht 3:2, sondern 1:1, sofern ich gewinne. Zweitens kann der Dealer mit 21 Punkten gleichziehen, was er gegen einen Blackjack nicht erreicht hätte.

3. Manchmal kommt es vor, dass auf ein gesplittetes Ass ein weiteres Ass gezogen wird. Unter Bezug auf die unter Punkt 1 beschriebene Regel dürfte ich dann nicht mehr weiter ziehen, da ja auf jedes

gesplittete Ass nur noch eine Karte folgt. Hier gibt es von Casino zu Casino unterschiedliche Regeln: In manchen Casinos darf ich das neu entstandene Paar A-A nochmals zu den vorherigen Regeln splitten, in manchen nicht. Ich empfehle, das bei Bedarf im jeweiligen Fall vor Ort durch die entsprechende Frage an den Dealer zu klären.

Beispiele für das Spielen nach Strategie

Das Ganze klingt jetzt möglicherweise etwas verwirrend für dich, weil wir uns immer nur mit der Starthand beschäftigt haben. Die vorgestellten Entscheidungs- kriterien entfalten aber auch im dynamischen Spiel- verlauf ihre Wirkung und wenn man sehr sicher in der Anwendung der Strategie ist, kann man sehr locker durchgängig danach spielen, ohne ständig über das Für und Wider einer bevorstehenden Entscheidung nachdenken zu müssen. Ich kann aus eigener Erfahrung sagen, dass mich das am Spieltisch sehr entlastet, sodass ich mich ganz auf mein progressives Spielsystem konzentrieren kann, das ich dir nachfolgend noch vorstellen werde.

Um das sukzessive Spielen nach der Basisstrategie noch weiter zur verdeutlichen, will ich hier einige Beispiele über mögliche Spielverläufe vorstellen, die dir zeigen sollen, dass ich die Strategie zu jeder Zeit im Spiel anwenden kann.

Beispiel 1:

In unserem ersten Beispiel gehen wir davon aus, dass der Dealer für sich eine Bildkarte (Wert 10) aufdeckt. Wir erhalten folgende Karten:

Abbildung:
Die Kombination K-3 entspricht dem Summenwert 13.

Wie du aus diesem Kapitel ersehen konntest, ist eine Starthand mit 13 Punkten eine schlechte Voraussetzung, um gegen eine 10 des Dealers gewinnen zu können. Das Schöne bei der konsequenten Anwendung der Strategie ist es aber, dass wir uns mit derlei Bedenken überhaupt nicht zu belasten brauchen. Stattdessen müssen wir uns zunächst nur fragen, welche Optionen uns diese Hand bietet.

Dazu stellen wir zunächst fest, dass wir kein A auf der Hand haben. Das bedeutet, dass wir über die Strategie für Soft Hands nicht nachdenken müssen.

Weiterhin ist offensichtlich, dass wir kein Pärchen haben, sodass auch die Strategie für Paare in diesem Beispiel unerheblich ist.

In der Folge ist unsere Starthand eine Hard-13. Das einzige, was wir hier also berücksichtigen müssen, ist das durch die Strategie für Hard Hands vorgegebene Verhalten für die Konstellation 13 (Spieler) gegen 10 (Dealer). Wie wir gelernt haben, lautet die richtige Entscheidung in diesem Fall *Hit*.

Abbildung:
Die Kombination K-3-2 entspricht dem Summenwert 15.

In unserem Beispiel haben wir als nächste Karte eine 2 erhalten, sodass unsere Gesamtsumme nunmehr 15 Punkte beträgt. Im weiteren zeigt sich nun die Anwendbarkeit der Strategie auch über die Starthand hinaus. Denn auch nun brauche ich nicht darüber nachzudenken, was ich als nächstes machen soll. Ich muss nur einfach die neue Konstellation 15 (Spieler) gegen 10 (Dealer) mit den Vorgaben der Strategie abgleichen, damit ich zu dem Ergebnis komme, dass auch hier die richtige Entscheidung lautet: *Hit*.

Abbildung:
Die Kombination K-3-2-4 entspricht dem Summenwert 19.

Mit den zuvor erhaltenen 15 Punkten hätten wir uns mit jeder Karte von 7 aufwärts überkauft und das Spiel unweigerlich verloren, unabhängig davon, wie sich die Hand des Dealers entwickelt hätte. In unserem Beispiel haben wir Glück gehabt und mit einer 4 eine weitere kleine Karte erhalten. Erneut bedarf es lediglich der Entscheidung der Basisstrategie für die Konstellation 19 (Spieler) gegen 10 (Dealer). Wie wir zuvor erfahren haben, ziehen wir bei einer harten Punktzahl von 17 oder mehr grundsätzlich keine Karte mehr, da das Risiko des Überkaufens viel zu hoch ist. Die richtige Entscheidung zu diesem Zeitpunkt lautet also *Stand*.

Ab diesem Zeitpunkt können wir auf das Spiel nicht mehr aktiv einwirken. Der Dealer wird nun die übrigen Spieler nach ihren Entscheidungen befragen. Nachdem alle Spieler ihre Züge abgeschlossen haben, wird der Dealer seine verdeckte Karte umdrehen und auf der Basis der Summe seinen Zug beenden oder weiter Karten ziehen. Sobald er 17 oder mehr Punkte erreicht, darf er keine weiteren Karten mehr ziehen, unabhängig davon, mit wie vielen Karten er zu diesem Ergebnis kommt. In unserem Beispiel wäre es für uns also wünschenswert, wenn er als verdeckte Karte eine 7 oder 8 aufdecken würde, denn in dem Fall hätte er weniger Punkte als wir und damit hätten wir gewonnen. Deckt er hingegen für sich eine 9 (oder eine 5 und eine 4 oder andere Kartenfolge mit dem selben Summenwert) auf, endet das Spiel unentschieden und wir erhalten unseren Einsatz zurück. Nur wenn der Dealer 20 oder 21 Punkte erzielt, können wir noch verlieren.

Beispiel 2:

Für unser zweites Beispiel nehmen wir nur eine kleine Änderung vor, um zu verdeutlichen, wie sehr eine andere Karte des Dealers unser eigenes Verhalten verändert, auch wenn wir dieselben Karten erhalten. Wir wollen hierzu davon ausgehen, dass der Dealer als offene Karte eine 6 erhält. Wir erhalten wiederum:

Abbildung:
Die Kombination K-3 entspricht dem Summenwert 13.

Wenn wir nun die Konstellation 13 (Spieler) gegen 6 (Dealer) vor dem Hintergrund der Basisstrategie betrachten, kommen wir zu dem Ergebnis *Stand*.

Obwohl also unsere eigenen Karten identisch mit dem ersten Beispiel sind, ändern wir unsere Entscheidung maßgeblich auf der Basis der offenen Dealer-Karte. Grund dafür ist das hohe Risiko des Dealers, sich zu überkaufen. Rufen wir uns hierzu in Erinnerung, dass der Dealer für sein eigenes Spiel keine Entscheidungsbefugnis hat. Er darf also nicht bei 15 oder 16 Punkten auf Stand entscheiden, weil er weiß, dass wir nur 13 Punkte haben. Stattdessen muss er selbst mit 16 Punkten noch ziehen, auch wenn das für ihn ungünstig ist. Um zu verdeutlichen, warum eine 6 für den Dealer eine so schlechte Karte ist, müssen wir uns nur anschauen, welche Auswirkung der Wert der verdeckten Karte für ihn hat: mit 2, 3, 4 oder 5 würde er sein Blatt verbessern, mit A hätte er sogar schon 17 Punkte erreicht und damit seinen Zug regulär beendet. Mit jeder Karte zwischen 6 und 10 hingegen erreicht er eine Summe von Hard-12 oder mehr, sodass seine Wahrscheinlichkeit auf einen ungünstigen Verlauf bei 61,5% liegt.

Beispiel 3:

Im nächsten Beispiel wollen wir das Splitten in Kombination mit dem Verhalten bei Soft Hands betrachten. Wir gehen dazu davon aus, dass der Dealer erneut eine 6 zeigt. Wir erhalten folgende Karten:

Abbildung:
Die Kombination 6-6 entspricht dem Summenwert 12.

Nach der Strategie für Hard Hands würde die Konstellation 12 (Spieler) gegen 6 (Dealer) zur Entscheidung *Stand* führen, damit wir den Dealer sich wie im vorigen Beispiel ohne eigenes Risiko idealerweise überkaufen lassen können. Die aktuelle Situation bietet uns jedoch die Möglichkeit, bei dieser günstigen Gelegenheit mehr Geld auf den Tisch zu bekommen. Um die Dimension klar zu machen, wollen wir in diesem Beispiel mit einem konkreten Betrag rechnen und davon ausgehen, dass wir 5 € eingesetzt haben.

Da wir diesmal mit der Kombination 6-6 ein Pärchen haben, ist grundsätzlich das Splitten erlaubt. Ob das Splitten Sinn macht, verrät uns ein Blick auf die Basisstrategie für Paare. Hier wird empfohlen, die Kombination 6-6 gegen eine 6 des Dealers zu splitten. Das tun wir und erhalten folgende Karten:

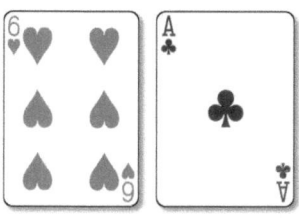

Abbildung:
Die Kombination 6-A entspricht dem Summenwert 7 oder 17 (Soft-17).

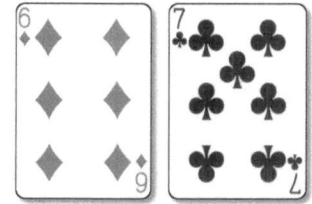

Abbildung:
Die Kombination 6-7 entspricht dem Summenwert 13.

Wie wir sehen, sind aus dem Pärchen 6er nun zwei unterschiedliche Hände entstanden, nämlich eine Soft-17 und eine Hard-13. Da wir uns den Split mit einem zusätzlichen Einsatz erkaufen mussten, haben wir zu diesem Zeitpunkt zweimal 5 € eingesetzt, in Summe also 10 €.

Da jede der beiden neuen Hände behandelt wird, als würden wir soeben erst anfangen zu spielen, stellt sich erneut für jede Hand die Frage nach der weiteren

Verfahrensweise. Da keine der Hände ein Pärchen zeigt, stellt sich die Frage nach einem weiteren *Split* nicht. Allerdings müssen wir nun für jede Hand einzeln bewerten, wie wir uns weiter verhalten wollen.

Für die Konstellation Soft-17 (Spieler) gegen 6 (Dealer) sieht die Strategie folgende Entscheidung vor: *Double-Down*. Das tun wir, indem wir die 5 € für diese Hand um weitere 5 € ergänzen, sodass wir nun insgesamt bereits 15 € an Einsatz auf dem Tisch haben. Das Verdoppeln führt dazu, dass wir nur noch eine Karte auf diese Hand erhalten:

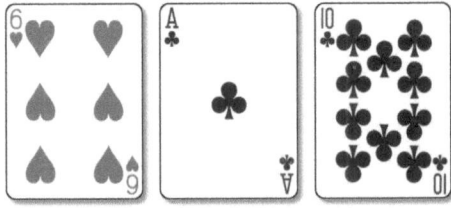

Abbildung:
Die Kombination 6-A-10 entspricht dem Summenwert 17.

Durch den Erhalt einer 10 würden wir bei Wertung des A als 11 Punkte eine Gesamtpunktzahl von 27 erreichen und hätten uns damit überkauft. In diesem Fall wird das A automatisch als 1 gewertet, sodass sich unsere Hand von einer Soft-17 zu einer Hard-17 verändert hat. Wie wir nun bereits wissen, wird bei einer Hard-17 nicht mehr gezogen, unsere Entscheidung lautet also *Stand*. Damit ist diese Hand für uns abgeschlossen und wir wenden uns der zweiten Hand zu, die aus dem *Split* entstanden ist. Nun ist eine Hard-13 eine schwache Hand. Während wir gegen eine hohe Karte des Dealers hier ziehen würden, empfiehlt uns die Strategie für Hard Hands gegen eine 6 die Entscheidung *Stand*.

Damit haben wir unsere Züge für beide Hände abgeschlossen und statt 5 € Einsatz nunmehr 15 € Einsatz auf dem Tisch liegen. Aber Achtung: Auch aus einer 6 kann der Dealer noch ein reguläres Wertungsblatt oder sogar eine richtige Monsterhand machen. Sehen wir uns verschiedene Möglichkeiten des denkbaren Verlaufs an:

a) Wenn der Dealer als verdeckte Karte eine 8, 9 oder 10 hat, hat er tatsächlich ein hohes Risiko, sich in der Folge zu überkaufen. Wenn das so geschieht, dürfen wir uns über 30 € freuen, die wir aus dieser Spielrunde erhalten.

b) Wenn der Dealer als verdeckte Karte ein A aufdeckt oder durch andere Kombination auf 17 Punkte kommt, heißt es für unser erstes Blatt *Push*. Beim Unentschieden erhalten wir den (verdoppelten) Einsatz (10 €) zurück. Die 5 €, die wir auf unser zweites Blatt gesetzt hatten, sind allerdings verloren, sodass unsere Bilanz aus dieser Spielrunde ein Verlust von 5 € ist.

c) Wenngleich wenig wahrscheinlich, so ist es doch möglich, dass der Dealer aus der 6 noch ein richtig starkes Blatt erhält, etwa durch die folgende Kombination:

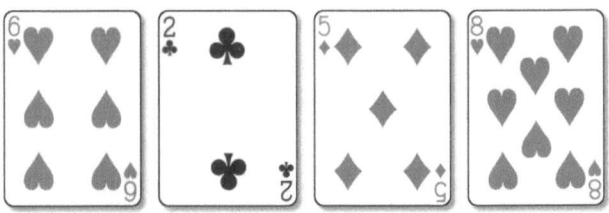

Abbildung:
Die Kombination 6-2-5-8 entspricht dem Summenwert 21.

Verfolgen wir die Entstehung eines solchen Blatts: Zur offenen ersten Karte (6) deckt der Dealer als verdeckte zweite Karte eine 2 auf. Die Zwischensumme 8 zwingt ihn zum Ziehen einer weiteren Karte und er erhält eine 5. Die Zwischensumme 13 zwingt ihn erneut zum Ziehen und erhält eine 8. Er erreicht damit 21 Punkte, womit er nicht nur unsere 13, sondern auch unsere mit doppeltem Einsatz versehene 17 schlägt. Wir verlieren in diesem einen Spiel also 15 €, was dem Dreifachen unseres gewöhnlichen Einsatzes entspricht.

Mischkalkulation

Auch wenn man nach der vorgestellten Strategie spielt, wird man etwa die Hälfte aller Spiele verlieren, manchmal auch gesplittete und verdoppelte Hände. Das tut natürlich weh. Dennoch führt das fortwährende und konsequente Befolgen der Strategie dazu, durch Reduzierung des Bankvorteils Verluste zu minimieren und öfter mal mit Gewinn nach Hause zu gehen.

Letztlich basiert die Strategie darauf, bei eigenen Vorteilen mehr Kapital auf den Tisch zu bekommen und damit eben dann viel zu setzen, wenn der Dealer im wahrsten Sinne des Wortes „schlechte Karten hat". Im Idealfall führt das dazu, kleine Einsätze zu verlieren, während man größere Einsätze gewinnt.

Bei mir persönlich hat das Spielen mit der Strategie dazu geführt, dass ich manchmal das Casino mit überschaubaren Verlusten verlassen habe, oft „Null auf Null" rausgegangen bin, immer mal wieder aber auch kleine bis mittlere Gewinne mit nach Hause gebracht habe. Insgesamt ist meine Bilanz positiv. Aus eigener Erfahrung kann ich für mich also sagen, dass sich das Befolgen der Strategie durchaus gelohnt hat.

Die konsequente Anwendung der Grund- oder Basisstrategie verringert den Bankvorteil auf 0,2%. Dennoch bietet die Strategie keine Erfolgsgarantie. Die Bank ist weiterhin im Vorteil. Darüber sollten sich Teilnehmer an einem Glücksspiel immer bewusst sein.

Über das Kartenzählen

Im Jahr 1988 erschien der Film „Rain Man". Neben Hauptdarsteller Tom Cruise spielt der mehrfache Golden-Globe-Preisträger Dustin Hoffmann den Autisten Raymond Babbitt, der durch seine Krankheit im Alltagsleben stark eingeschränkt ist, allerdings über außergewöhnliche Inselbegabungen verfügt. So ist er unter anderem in der Lage, beim Blackjack-Spielen im Casino jede einzelne Karte im Gedächtnis zu behalten und so die Wahrscheinlichkeiten für die nächsten Karten zu berechnen.

Durch diesen Film wurde die Methodik des Kartenzählens der Öffentlichkeit bewusst, wenngleich Zählsysteme schon seit den 1960er Jahren angewendet wurden. Berühmt wurde in diesem Zusammenhang das

Blackjack Team des Massachusetts Institute of Technology (MIT), das von 1979 bis 1993 mit einer speziellen Kartenzähltechnik erhebliche Gewinne einstreichen konnte. Auf der Basis des autobiografischen Buchs eines der Mitglieder erschien 2008 der Film „21" mit Kevin Spacey, Jim Sturgess und Kate Bosworth in den Hauptrollen.

Auch der erfolgreiche Film „Hangover" aus dem Jahr 2009 greift die Thematik des Kartenzählens auf und reflektiert dabei auf „Rain Man".

Insbesondere durch diese populären Filme ist das Kartenzählen beim Blackjack mittlerweile weithin bekannt, wenngleich viele Leute, die sich nicht wirklich mit Blackjack befassen, das System nicht so recht durchschauen.

Zunächst einmal bedarf es des Verständnisses, was das Kartenzählen überhaupt bringen soll: Es steht sicher außer Frage, dass es hilfreich wäre, wenn man als Spieler wüsste, welche Karten als nächstes aufgedeckt werden. Dies vorherzusagen, vermag auch das Kartenzählen nicht. Allerdings kann anhand der Spielhistorie durchaus eine Grundaussage hinsichtlich der Wahrscheinlichkeiten für bestimmte Kartengruppen getroffen werden. Wir haben bereits zuvor erfahren, dass es 13 verschiedene Karten gibt, nämlich die Zahlenwerte von 2 bis 10, J, Q, K und A. Die Wahrscheinlichkeit beträgt also 1:13 für jede dieser Karten, als nächstes gezogen zu werden. Wie bereits zur Grundstrategie ausgeführt, gibt es die Besonderheit, dass die Karten 10, J, Q und K alle den Kartenwert 10 haben. Die Wahrscheinlichkeit, als nächstes eine Karte mit dem Wert 10 zu erhalten, ist also generell schon viermal so hoch wie die für jeden anderen Kartenwert, also 4:13 oder 30,8%.

Wenn ich jetzt wüsste, dass zum Beispiel bereits alle 2er und 6er bereits gezogen wurden und sich daher nicht mehr im Spiel befinden, ändern sich die Wahrscheinlichkeiten für alle anderen Karten. Die Wahrscheinlichkeit, als nächstes ein Ass zu bekommen, beträgt nämlich jetzt 1:11 beziehungsweise 9,1%. Die Wahrscheinlichkeit, eine Karte mit dem Wert 10 zu bekommen, liegt sogar bei 4:11 beziehungsweise 36,4%. Das ist natürlich nun noch keine Garantie dafür zu gewinnen, aber die Wahrscheinlichkeit, einen Blackjack zu erzielen, ist jetzt viel höher. Da der Blackjack 3:2 ausgezahlt wird, werden Kartenzähler zu diesem Zeitpunkt ihre Einsätze erhöhen, um im Falle eines Blackjack mehr zu gewinnen.

Das Kartenzählen funktioniert natürlich nur in Live-Casinos, in denen nicht nach jedem Spiel neu gemischt, sondern weiter aus dem angebrochenen Schuh nachgezogen wird. Es gibt verschiedene Methoden, Karten zu zählen, von denen manche relativ einfach und andere komplexer sind. Dem Grundgedanken dieses Buchs folgend, möchte ich hier nur auf die Hi-Lo-Methode eingehen:

Die Hi-Lo-Methode

Sich jede einzelne Karte einzuprägen, würde von dem Spieler viel zu viel Aufmerksamkeit erfordern und wäre bei einem Multideck-Spiel vermutlich ohnehin nur Menschen mit besonderen Begabungen leistbar; wir erinnern uns an „Rain Man".

Die Bezeichnung Hi-Lo ist die Kurzvariante der englischen Worte „high" (hoch) und „low" (niedrig). Bei der Methode werden also keine einzelnen Kartenwerte gezählt, sondern lediglich festgehalten, wie das Verhältnis gezogener Karten im Hinblick auf ihren Wert ist. Dazu weist man ganzen Gruppen von Karten Werte zwischen -1 und +1 zu:

Die Karten von 2-6 erhalten den Wert 1.

10er, Bildkarten und Asse zählen -1.

Die Karten von 7-9 erhalten den Wert 0 beziehungsweise werden nicht gezählt.

Die Werte werden ständig gegeneinander aufgerechnet, sodass sich zu jeder Zeit des Spiels eine Bilanz ergibt. Ist die Bilanz positiv, steigt die Wahrscheinlichkeit auf den Erhalt hoher Karten. Ist die Bilanz negativ, steigt die Wahrscheinlichkeit auf den Erhalt niedriger Karten.

Abbildung:

Die Karten 2-6 werden jeweils mit +1 gezählt. 10er, Bildkarten und Asse werden mit -1 gezählt und 7-9 haben keinen Wert. Die abgebildete Kartenkombination errechnet sich also wie folgt:

1 (2) +1 (3) = 2 -1 (J) = 1 +0 (8) = 1

Das Wissen um diese Wahrscheinlichkeiten wird dem erfahrenen Spieler den richtigen Zeitpunkt verraten, den Einsatz zu erhöhen, kann aber auch in anderen Situationen hilfreich sein: Wenn nämlich die Bilanz stark negativ ist, also schon viele 10er, Bildkarten und Asse gespielt sind, sinkt auch mein Risiko, mich zum Beispiel mit einer Hard-12 zu überkaufen.

Soweit leuchtet der Nutzen sicher ein; nicht umsonst hat der Volksmund den Spruch geprägt: „Wissen ist Macht." Das Ganze aber jetzt auch umzusetzen, erfordert sehr viel Übung, da der Dealer beim Austeilen der Karten nicht warten wird, bis du mit Rechnen fertig bist. Hinzu kommt, dass Casinos nicht wollen, dass du Karten zählst. Du hast also nicht nur wenig Zeit, sondern musst es auch noch so machen, dass es keiner mitbekommt.

Innerhalb der Hi-Lo-Methode gibt es zwei Abstufungen, die sich auf die Präzision der Vorhersage beziehen:

1. Der „Running Count"

Als Running Count bezeichnet man die aktuelle Bilanz, die sich aus dem Aufrechnen der bereits gezogenen Kartenwerte ergibt. Wenn zum Beispiel nacheinander eine 5 (+1), dreimal 6 (+3), eine 2 (+1) und eine 7 (0) gezogen werden, beträgt mein Running Count 5. Tendenziell steigt also die Wahrscheinlichkeit, dass als nächstes hohe Karten gezogen werden. Es ist aber ein Unterschied, ob diese Situation auftritt, wenn noch 300 Karten im Spiel sind oder wenn nur noch 10 Karten im Spiel sind. Aus diesem Grund rechnen erfahrene Spieler auch immer mit ein, wie hoch der Restbestand der noch zu spielenden Karten ist:

2. Der „True Count"

Der True Count errechnet sich auf der Basis des Running Count, der in Relation zu den noch vorhandenen Karten gesetzt wird. Bei unserem Beispiel beträgt der Running Count 5. Um nun eine Aussage dahingehend zu treffen, wie wahrscheinlich denn nun wirklich das Erscheinen hohen Karten ist, wird der Running Count durch die Anzahl der noch im Schuh befindlichen Kartendecks dividiert. Das Ergebnis führt dann zu einer Einschätzung, ob ich in der nächsten Runde meinen Einsatz erhöhen sollte, und wenn ja, um wieviel.

Erfahrene Kartenzähler nutzen das Ablagefach um abzuschätzen, wie viele Decks noch im Spiel sind. Wenn ich weiß, dass an dem Tisch, an dem ich spiele, ein Multideck aus 6 Kartendecks gespielt wird, und ich sehe, dass der Stapel im Ablagefach etwa 100 Karten hoch ist, bedeutet das, dass noch rund 4 Decks im Spiel sind. Wir haben zuvor erfahren, dass der True Count errechnet wird, indem man den Running Count durch die Anzahl der verbliebenen Decks teilt. Die durch die oben dargestellte Schätzung ermittelte Zahl von Decks stellt in dieser Division als unseren Divisor (Nenner) dar.

Um deutlich zu machen, wie bedeutsam der True Count ist, kehren wir zurück zu unserer Ausgangsrechnung, die besagt, dass der Bankvorteil, selbst wenn wir alles richtig machen, noch immer bei rund 0,2% liegt. Ein positiver True Count erhöht hingegen unseren Vorteil um etwa 0,5% je ganzer Zahl. Das bedeutet, dass bei einem True Count von 1 bereits der Bankvorteil neutralisiert wurde und wir nun schon einen Vorteil von 0,3% auf unserer Seite verbuchen können. Diese Berechnung hat direkten Einfluss darauf, wie hoch unser Einsatz sein sollte. Wenn nämlich die Gewinnwahr-scheinlichkeit auf unserer Seite ist, ist es folglich sinnvoll, den Einsatz zu erhöhen. Experten raten zu folgenden Erhöhungsmultiplikationen:

True Count	Spielervorteil	Multiplikator	Einsatz
< 2	< 0,7%	1	5 €
2 – 3	1,2% - 1,7%	2	10 €
4 – 5	2,2% - 2,7%	3	15 €
6 – 7	3,2% - 3,7%	4	20 €
> 7	> 4,2%	5	25 €

Nun scheint dir vielleicht ein Einsatz von 25 € bei einem Vorteil von 4,2% gegenüber der Bank nicht allzu hoch. Bedenke aber, dass der Vorteil nur dann besteht, wenn du konsequent nach der Basisstrategie spielst. Diese kann aber von dir in bestimmten Situationen verlangen zu splitten und/oder zu verdoppeln, sodass du plötzlich 75 € oder mehr auf ein einziges Spiel setzt – und vielleicht verlierst. Kartenzählen macht also nur dann Sinn, wenn deine Bankroll groß genug ist, um auch große Einsätze riskieren und zur Not ihren Verlust verschmerzen zu können.

Ist Kartenzählen legal?

Nachdem durch die populären Spielfilme das Phänomen des Kartenzählens bekannt wurde, ranken sich – auch durch die entsprechende Darstellung in den Filmen –

verschiedenste Gerüchte um die Frage, ob Kartenzählen illegal sei.

Diese Frage kann man mit einem klaren Nein beantworten. Das Zählen der Karten ist letztlich nur eine trainierbare Gedächtnisleistung, die keine Manipulation oder Täuschung beinhaltet. Ein etwa anzudenkender Tatverdacht eines Betruges kommt daher nicht in Betracht. Dennoch ist es so, dass Casinos natürlich nicht gern Geld verlieren. Wenn Casinos das Kartenzählen untersagen, beziehen sie sich damit einzig auf ihr Hausrecht. Das bedeutet, dass sie jemandem, den sie beim Zählen erwischen, das Spielen untersagen und ihn des Casinos verweisen können. Mehr nicht!

Kartenzählen ist nicht ganz einfach, kann aber die Gewinnchancen beim Blackjack enorm erhöhen. Wenngleich das Zählen nicht illegal ist, ist es in Casinos nicht gern gesehen.

Übungen zum Kartenzählen

Selbst wenn durch die Hi-Lo-Methode das Zählen der Karten stark vereinfacht wird, wirst du feststellen, dass es deswegen trotzdem nicht von jedermann mühelos durchgeführt werden kann. Dabei ist auch zu berücksichtigen, dass das Zählen von Kartenwerten zuhause in ruhiger Umgebung und ohne Zeitdruck etwas ganz Anderes ist, als wenn man im Casino am Tisch sitzt und um echtes Geld spielt. Hier gibt es nämlich plötzlich viele Umgebungsfaktoren, die unsere Konzentration nachteilig beeinflussen:

1. Das Spiel um Geld ist aufregend. Insbesondere, wenn durch progressive Erhöhung, Splitten und Verdoppeln plötzlich ein Vielfaches deines Grundeinsatzes vor dir auf dem Tisch liegt, wirst du spüren, wie sich dein Puls erhöht, das Adrenalin deine Finger zittern lässt und du nur noch auf deine Karten und die des Dealers fokussiert bist. Das Spielen um Geld soll aufregend sein, sonst würde es ja nicht so viel Spaß machen. Aber Fakt ist, dass der dadurch entstehende Stress deine kognitiven Fähigkeiten einschränken wird, zumindest wenn du kein abgezockter, erfahrener Hazardeur bist.

2. Das Tempo des Dealers ist hoch. Im Interesse aller Spieler, die sich natürlich nicht langweilen wollen, aber auch, um den Profit des Casinos zu steigern, wird der Dealer bemüht sein, in der ihm zur Verfügung stehenden Zeit möglichst viele Spiele durchzuführen. Er wird also nicht hektisch, aber doch sehr zügig die Karten austeilen, Runden abwickeln und Karten aus überkauften Boxen wieder abräumen. Wenn du das Tempo nicht mithalten kannst und dich dadurch vielleicht sogar verzählst, hast du ein Problem. Wenn du bemerkst, dass du dich verzählt hast, ist das ärgerlich, weil all deine bisherigen Bemühungen umsonst waren. Noch schlimmer ist es aber, wenn du es nicht bemerkst

und vielleicht größere Einsätze unter den falschen Bedingungen setzt. Dann ist nämlich der Schiffbruch vorprogrammiert.

3. Deine Umgebung fordert Aufmerksamkeit. Während du vielleicht zuhause im stillen Kämmerchen geübt hast und dort sehr sicher im zügigen Kartenzählen geworden bist, strömen am Spieltisch im Casino plötzlich jede Menge Umweltreize auf dich ein; Musik und Hintergrundgespräche sind zu hören. Männliche Spieler werden vielleicht durch das tiefe Dekolleté der Spielerin links außen abgelenkt, die ihrerseits immer wieder zu den schönen blauen Augen des Dealers schauen muss. Vielleicht kommt der Barkeeper vorbei und bietet dir einen Drink an. Es kommt echt nicht gut an, wenn du ihn anschnauzt, dass du dich seinetwegen jetzt verzählt hast.

4. Blackjack ist ein kommunikatives Spiel. Anders als beim Pokern, wo sich manche Spieler hinter Sonnenbrillen und unter Kapuzen verbergen, läuft hier durch die offen liegenden Karten alles ganz anders ab. Man spricht mit dem Dealer, man diskutiert über mit anderen Spielern und wird auch von ihnen angesprochen.

All diese Faktoren können dich ablenken, sodass dein Zählen so sicher und nebenbei geleistet werden können muss, dass du trotzdem jederzeit den aktuellen Running Count (und idealerweise auch den True Count) im Blick hast.

Wenn du also mit dem Gedanken spielst, deine Chancen beim Blackjack durch Kartenzählen zu verbessern, solltest du dir im Klaren darüber sein, dass es ein hartes Stück Arbeit zu bewältigen gilt, bevor du in einem Live-Spiel dazu in der Lage sein wirst. Es reicht also nicht aus zu wissen, welche Karte mit welchem Wert gezählt wird, sondern du wirst das so lange üben müssen, bis du auch bei hohem Tempo und unter widrigen Bedingungen das Zählen quasi im Schlaf beherrschst. Um das zu erreichen, gibt es verschiedene Übungen und Hilfsmittel, von denen ich dir hier einige beispielhaft vorstellen möchte:

Du kannst damit beginnen, dass du dir einfach ein normales Pokerspiel nimmst und vom durchgemischten Stapel Karten nacheinander aufdeckst. Du zählst die aktuelle Karte mit dem zugeordneten Wert, also mit +1, 0 oder -1, bevor du sie mit der nächsten Karte zudeckst und weiterzählst. Wenn du das komplette Spiel durchgezählt hast, müsste dein Ergebnis 0 lauten. Wenn das gut funktioniert, kannst du das Tempo steigern. Um einigermaßen mithalten zu können, solltest du die Übung mit dem kompletten Deck innerhalb von 20 bis 25 Sekunden absolvieren können.

Als nächstes solltest du dir die Fähigkeit aneignen, Gruppen von Karten als Gesamtsumme zu werten, ohne dass du jede einzelne Karte zählen musst. Diese Fähigkeit ist sehr hilfreich, um Zeit und Konzentration zu sparen. Um das zu verdeutlichen, möchte ich an folgendem Beispiel erläutern, wie man dabei vorgeht.

Gehen wir davon aus, dass wir am Tisch vier Spieler haben. Jede der folgenden Gruppen stellt das endgültige Blatt eines Spielers dar. Wenn du jetzt jede einzelne Karte zählen willst, dauert das verhältnismäßig lang. Versuche stattdessen einmal, in jeder Zeile eine Gesamtsumme zu berechnen und diese untereinander aufzurechnen. Vielleicht fällt dir das zu Beginn noch schwer. Du wirst mit ein wenig Übung aber erkennen, dass diese Zählweise dir wesentlich leichter fallen wird. Erfahrene Kartenzähler erfassen die Summe solcher Kartengruppen mit einem Blick.

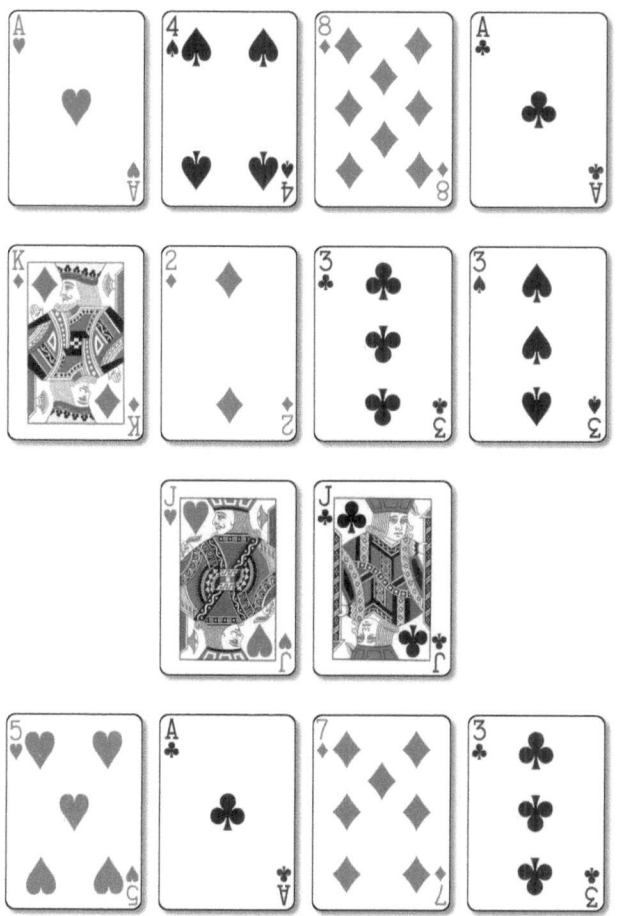

Abbildung:

Statt Einzelkarten zu zählen, rechnen wir die Summen von Kartengruppen gegeneinander auf. Statt also die oberste Zeile mit -1 +1 = 0 +0 = 0 -1 = -1 zu zählen, *verrechnen wir mit der Summe (1) der niedrigen Karten (4) die Summe (-2) der hohen Karten (A-A). Die mittlere Karte (8) wird nicht berücksichtigt. Ich komme durch die Rechnung 1-2 natürlich auch auf das Ergebnis -1, aber viel schneller. Für die vier abgebildeten Kartengruppen lautet der Running Count folglich*

$$1 - 2 = \underline{-1} \quad +3 - 1 = \underline{1} \quad -2 = \underline{-1} \quad +3 - 1 = \underline{1}$$

Wenn du das eine Zeitlang geübt hast, kannst du das Rechnen noch einfacher und schneller gestalten, indem du in jeder Kartengruppe zunächst Neutralisierungen vornimmst. Dazu blendest wie zuvor die Karten mit dem Wert 0 gedanklich aus. Dann rechnest du in jeder Gruppe dieselbe Anzahl vorhandener niedriger gegen hohe Zahlen auf. In der obersten Zeile haben wir eine mittlere Karte (8), die wir nicht beachten. Wir haben eine niedrige Karte (4), deren Wert (1) durch eine hohe Karte (A) neutralisiert wird. Das bedeutet, dass aus dieser Gruppe von vier Karten nur eine Karte übrig bleibt, die gezählt werden muss (A). Wenn es dir durch regelmäßiges Training (oder eine besondere Begabung) mit der Zeit gelingt, schnell und sicher diesen Zusammenhang für Kartengruppen zu erfassen, hast du gute Voraussetzungen, wirklich schnell Karten zu zählen. Statt der umfangreichen Rechnung oben kämen wir nämlich ohne viele Zwischenschritte wie folgt zu dem richtigen Ergebnis:

$$-1 \quad +2 \quad -2 \quad +2 \quad = \quad \underline{1}$$

Wenn dir vielleicht jetzt auf den ersten Blick nicht einleuchtet, wie sehr diese Methode dein Kartenzählen positiv beeinflusst, wirf einmal einen Blick auf die folgenden Kartengruppen:

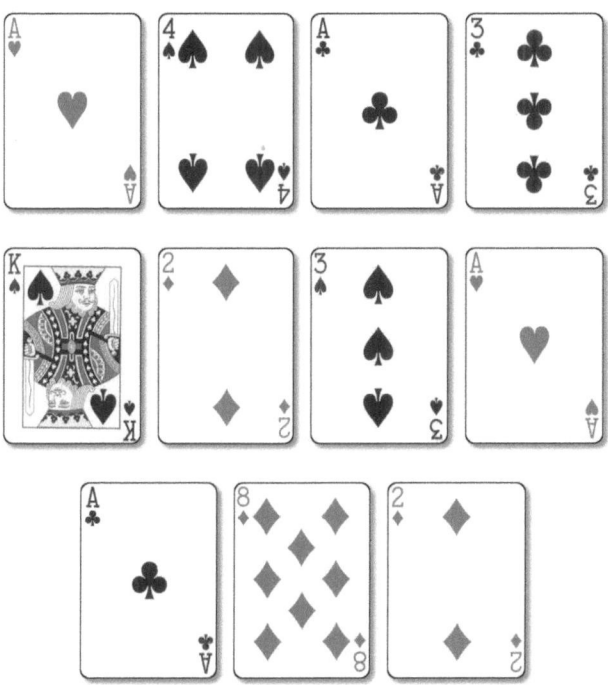

Abbildung:

Wenn du jetzt fleißig durchgezählt hast, wirst du nach einer bestimmten Zeit zu dem Ergebnis 0 gekommen sein. Das ist richtig. Vielleicht hast du aber auch schon die zuletzt vorgestellte Methode angewendet. Obwohl die oben dargestellten Gruppen sich auf den ersten Blick nicht sehr ähneln, hat jede einzelne Kartengruppe für sich den Wert 0. Es gibt hier schlicht und ergreifend gar nichts zu zählen. Zu diesem Ergebnis kann man kommen, wenn man gezählt hat. Oder eben auch (mit etwas Übung), indem man mit gezieltem Blick auf die jeweilige Kartengruppe sofort erkennt, dass die Werte der Karten sich gegenseitig neutralisieren.

Neben dem Üben mit herkömmlichen Kartenspielen gibt es auch Programme und Apps, mit denen man seine Fähigkeiten des Kartenzählens testen und verbessern kann. Mein persönlicher Favorit ist hier die App „Card Counter Lite", auf die ich im Kapitel **Weiterführende Informationen** noch eingehe. Ich muss jedoch zugeben, dass ich über den Schwierigkeitsgrad „medium" nie hinausgekommen bin.

Warum ich keine Karten zähle

Wenngleich das Kartenzählen ohne Zweifel eine erfolgversprechende Methode ist, im richtigen Moment den Einsatz zu erhöhen und so Gewinne zu maximieren, verfolge ich diese Strategie nicht. Das hängt in erster Linie damit zusammen, dass ich eben ein reiner Freizeitspieler bin. Ich fahre nicht alle Naselang ins Casino, sondern spiele eher selten. Wenn ich das dann mache, dann betrachte ich das Spiel als eine schöne Freizeitbeschäftigung, bei der ich mich entspannen will. Wenn du einmal versucht hast, im laufenden Spiel bei einem zügig arbeitenden Dealer Karten zu zählen, wirst du feststellen, dass das mit entspanntem Freizeitspaß nichts mehr zu tun hat – das ist Arbeit!

Überdies führt das Kartenzählen ja dazu, hohe Einsätze zu bringen, wenn durch einen hohen True Count die Wahrscheinlichkeit auf Blackjacks groß ist. Allerdings steigt mit meiner eigenen Chance auf einen Blackjack gleichermaßen auch die Chance des Dealers auf einen Blackjack. Selbst wenn also das Kartenzählen den Bankvorteil umkehrt, ist ein hoher True Count noch lange keine Garantie für den Gewinn des nächsten oder des übernächsten Spiels. Im Ergebnis kann sich das Kartenzählen oder vielmehr die daraus resultierenden hohen Einsätze nur leisten, wer über entsprechend viel Kapital verfügt beziehungsweise auch dazu bereit ist, dieses aufs Spiel zu setzen. Das wäre mir auf Dauer zu anstrengend, zu riskant und würde mir dann auch keinen Spaß mehr machen. Wenn ich über einen ganzen

Abend 50 € verliere, ist das ärgerlich, aber dann habe ich einen schönen Abend gehabt. Ich käme jedoch nie auf die Idee, 50 € oder gar 100 € in einem einzigen Spiel zu riskieren.

Spielsysteme

Seit es Spiele mit Gewinnmöglichkeiten gibt, haben sich Menschen Gedanken darüber gemacht, wie man taktisch vorgehen kann, um mit möglichst wenig Risiko den maximalen Gewinn zu erwirtschaften. Beim Blackjack ist zunächst das konsequente Befolgen einer Strategie zum Verhalten in bestimmten Spielsituationen ein Aspekt, der dazu beiträgt, die Gewinnchancen zu erhöhen. Eine solche Strategie hast du mit der Basis- oder Grundstrategie in einem vorherigen Kapitel bereits kennengelernt.

Das einzige Element, mit dem ich außerdem auf die Höhe meines Gewinns oder meines Verlusts einwirken kann, ist die Höhe der Einsätze. Es wäre natürlich wünschenswert, bei einem Gewinn möglichst viel zu gewinnen und bei einem verlorenen Spiel möglichst wenig abgeben zu müssen.

Wenn ich eine Chance von 50% habe, ein Spiel zu gewinnen oder zu verlieren, wird das im statistischen Mittel auch so eintreten. Wenn ich also immer dieselbe Summe einsetze, werde ich im Endeffekt weder Geld gewinnen noch verlieren. Da wir aber bereits gelernt haben, dass es beim Blackjack einen Bankvorteil gibt, wird selbst ein Spieler, der alles richtig macht, aber immer dieselbe Summe einsetzt, langfristig vermutlich Verlust machen. Aus diesem Grund bietet es sich an, sich mit Ideen über variable Einsätze vertraut zu machen. Wenn man phasenweise mit höheren beziehungsweise steigenden Einsätzen spielt, bezeichnet man das als Progression. Ich habe einige Formen der Progression ausprobiert und werde nachfolgend bespielhaft darstellen, welche nach meiner Meinung sinnvoll sind – und welche nicht.

Bevor wir aber zu den Details kommen, möchte ich eine ganz klare Warnung aussprechen: Das Internet ist voll von einigen „todsicheren" Gewinnsystemen, mit denen du in Online-Casinos „bis zu 200 € in der Stunde" verdienen kannst. Wenn es so einfach wäre, würde doch niemand mehr arbeiten gehen… Hände weg davon! Seiten, die solche Systeme versprechen, haben Affilliate-Links zu Online-Casinos geschaltet. Ihr Bestreben ist es nicht, dir zu Geld zu verhelfen, sondern dich dazu zu bringen, dich über ihren Link beim Casino zu registrieren und Geld einzuzahlen. Dafür erhalten sie nämlich eine Provision. Wenngleich die Systeme auf den ersten Blick sinnvoll und gut durchdacht erscheinen, sind sie nach meiner Erfahrung ein sicherer Weg, Geld zu verbrennen. Ich habe auf diese Weise schon Geld verbrannt und rate dir daher dringend, solche Angebote nicht zu nutzen.

Spielsysteme können sich positiv auf die Maximierung des Gewinns und die Verringerung des Risikos auswirken. Dennoch ist Vorsicht geboten. Es gilt der alte Grundsatz: Wenn ein Angebot zu gut ist, um wahr zu sein, ist es das auch nicht.

Das Martingale-Spiel

Hauptsächlich aus dem Roulette ist das System einer Verlustprogression bekannt. Die Idee, nach dem Verlieren eines Spiels im nächsten Spiel den Einsatz zu erhöhen, beruht auf der Annahme, dass die Wahrscheinlichkeit, ein Spiel zu gewinnen, sich immer weiter erhöht, je öfter man verloren hat. In der Praxis sieht das so aus, dass der Spieler nach jedem verlorenen Spiel seinen Einsatz erhöht. Im Fall der Martingale wird der Einsatz sogar jeweils verdoppelt. Letztlich führt das das dazu, dass selbst nach einer Pechsträhne noch ein kleiner Gewinn eingefahren werden kann. Rechnen wir das in einem Beispiel durch:

Spiel	Einsatz	Gewinn	Verlust	Bilanz
1	5 €		5 €	-5 €
2	10 €		10 €	-15 €
3	20 €		20 €	-35 €
4	40 €		40 €	-75 €
5	80 €	80 €		**5 €**

Wie man sieht, führt das konsequente Verdoppeln des Einsatzes dazu, dass ich im Falle eines Spielgewinns am Ende exakt soviel gewinne, wie ich beim ersten Spiel eingesetzt habe. Soweit hört sich das erst einmal nicht schlecht an, da ich ja irgendwann mit Gewinn dastehe, wenn ich nur lange genug spiele. Allerdings hat die Strategie zwei große Nachteile:

1. Ich benötige unter Umständen sehr viel Kapital. In unserem Beispiel musste ich bei nur fünf Spielen insgesamt 155 € einsetzen, um letztlich 5 € Gewinn einzufahren.

2. In den allermeisten Casinos gibt es Tischlimits. Das bedeutet, dass ich gar nicht unendlich setzen kann. Wenn in unserem Beispiel das Tischlimit bei 100 € läge, könnte ich nach dem Verlust des 5. Spiels gar nicht weiter verdoppeln, selbst wenn ich bereit wäre, nach dem Verlust von 155 € weitere 160 € zu riskieren, um letzten Endes 5 € gewinnen zu können.

Davon abgesehen ist nach einem verlorenen Spiel ist die Wahrscheinlichkeit, auch das nächste Spiel zu verlieren, exakt genauso hoch wie die, das nächste Spiel zu gewinnen. Das gilt sowohl für Roulette als auch für Blackjack.

Erfahrene Spieler wissen, dass es durchaus schon einmal vorkommt, dass man zehn oder mehr Spiele in Folge verliert. Bei der Martingale erreicht man hier ganz schnell Summen, die zum Bankrott führen können. Um das zu verdeutlichen, tun wir einmal so, als hätten wir im vorigen Beispiel das 5. Spiel nicht gewonnen, sondern ebenfalls verloren und würden auch weitere vier Spiele verlieren, bevor wir endlich gewinnen:

Spiel	Einsatz	Gewinn	Verlust	Bilanz
5	80 €		80 €	-155 €
6	160 €		160 €	-315 €
7	320 €		320 €	-635 €
8	640 €		640 €	-1275 €
9	1280 €		1280 €	-2555 €
10	2560 €	2560 €		**5 €**

Wir sehen an der Fortführung des Beispiels, dass die Anwendung des Martingale-Spiels zwar letztlich irgendwann zum Gewinn im Wert des Grundeinsatzes führen wird, faktisch aber eben sehr schnell ihre Grenzen in der Verfügbarkeit von Kapital oder aber in einem Tischlimit finden wird, selbst wenn dieses nicht bei 100 €, sondern vielleicht bei 1000 € oder auch 5000 € liegt. Insofern ist die Martingale (und auch andere Strategien der Progression im Verlust) in meinen Augen eine sichere Methode, um Bankrott zu erleiden. Denn selbst wenn ich irgendwann gewinne, ist mein Gewinn doch so klein, dass er in keinem Verhältnis zum Risiko steht.

Wenn man also eine Progression spielen will, ist gerade für Spieler mit begrenzter Bankroll eine Form der Gewinnprogression sinnvoller.

Die Martingale-Progression ist das bekannteste progressive Spielsystem der Welt. Unzählige Amateurspieler versuchen, damit bei ihrem ersten Casino-Besuch ihr Kapital zu vermehren. Dabei führt dieses Spielsystem bereits nach wenigen verlorenen Runden zwangsläufig zum Totalverlust.

Eine unterhaltsame Geschichte zu diesem Thema hat der israelische Satiriker Ephraim Kishon bereits 1965 veröffentlicht: Roulette in Las Vegas.

Die Gewinnprogression

Das genaue Gegenteil einer Progression im Verlust ist die Erhöhung des Einsatzes nach einem gewonnenen

Spiel. Ein entscheidender Vorteil dieser Variante liegt darin, dass ich im nächsten Spiel wesentlich mit Kapital agiere, das ich zuvor gar nicht hatte. Ich spiele also mit Chips, die ich zuvor gewonnen habe, während ich nur einen Teil des neuen Einsatzes aus meiner ursprünglichen Bankroll bestreite.

Ich will das zunächst am Beispiel einer umgekehrten Martingale darstellen. Das bedeutet, dass ich nach jedem gewonnenen Spiel meinen Einsatz verdopple:

Spiel	Einsatz	Gewinn	Verlust	Bilanz
1	5 €	5 €		5 €
2	10 €	10 €		15 €
3	20 €	20 €		35 €
4	40 €	40 €		75 €
5	80 €		80 €	**-5 €**

Die umgekehrte Martingale führt also folgerichtig zu einer Umkehr der Kapitalverhältnisse. In dem Moment, wenn ich das erste Mal verliere, verliere ich so viel, dass meine Bilanz insgesamt ins Minus rutscht. Wir sind uns sicher einig, dass das nicht im Sinne des Erfinders sein kann. Aus diesem Grund habe ich für mich eine Strategie erarbeitet, die ich die „Minimalprogression mit Basisreserve" nenne. Die Strategie basiert auf mehreren Elementen:

1. Ich spiele bedingungslos nach der Basisstrategie.
2. Ich lege eine bestimmte Summe fest, mit der ich spielen will, und deren Totalverlust ich ggf. verschmerzen kann. Nur diese Summe (und keinesfalls mehr) nehme ich mit an den Spieltisch.
3. Ich beginne mit einem Einsatz von 5 €.
4. Wenn ich eine Runde verliere, beginne ich erneut mit einem Einsatz von 5 €.
5. Wenn ich eine Runde gewinne, erhöhe ich den Einsatz um die kleinstmögliche Stufe (in der Regel 1 €, also 20% meines ursprünglichen Einsatzes). Das wiederhole ich so lange, bis ich eine Runde verliere.
6. Wenn es mir gelingt, mein Ursprungskapital zu verdoppeln, steige ich aus. (Wenn ich dennoch weiterspielen will, entnehme ich den ursprünglichen Betrag aus meiner Bankroll und stecke die Chips in die Tasche. Ich spiele dann also nur noch mit dem bis dahin gewonnenen Kapital weiter.)

Das klingt sicher alles ein wenig theoretisch, weshalb ich zur Verdeutlichung auch hier Beispielrechnungen anführen will. Für das Beispiel gehen wir von folgenden Faktoren aus:

a) Mein Startkapital liegt bei 50 €.
b) Der Mindesteinsatz liegt bei 5 €.
c) Die kleinste Einheit am Tisch beträgt 1 €.
d) Das Tischlimit beträgt 100 €.

Spiel	Einsatz	Gewinn	Verlust	Bankroll
1	5 €	5 €		55 €
2	6 €	6 €		61 €
3	7 €	7 €		68 €
4	8 €	8 €		76 €
5	9 €		9 €	**67 €**

Wie beim vorigen Beispiel habe ich also nach jedem gewonnenen Spiel meinen Einsatz erhöht. Da ich aber immer nur um 1 € erhöht habe, stammte der Rest des neuen Einsatzes ausnahmslos aus der jeweils zuvor gewonnenen Runde. Auf mein eigenes Kapital wirkt sich also diese Form der Progression nicht wesentlich aus. Im Gegensatz zur umgekehrten Martingale würde hier also eine Serie von vier gewonnenen und einer verlorenen Runde nicht im Minus enden, sondern mit 17 € Gewinn. Das sind immerhin 34% Rendite. Doch nicht die Höhe des Gewinns ist es, die in meinen Augen diese Form der Progression attraktiv macht. Vielmehr begeistert mich das relativ geringe Risiko für das Eigenkapital. Der ein oder andere Freizeitspieler scheut sich vielleicht davor, Beträge von 8 € oder mehr auf eine einzige Runde Blackjack zu setzen. Macht man sich aber bewusst, dass 7 € davon der Reingewinn der letzten Runde war, wird schnell deutlich, dass man sich vor dieser Form der Progression nicht fürchten muss.

Nun spielt natürlich auch bei der Gewinnprogression eine Rolle, wie oft ich gewinne und verliere. Wie bereits zu Beginn dargestellt, besteht durch die Regeln des Blackjack grundsätzlich eine Chance von etwa 50%, eine Hand gegen den Dealer zu gewinnen. Der eigentliche Bankvorteil besteht ja im Wesentlichen darin, dass die Bank gewinnt, sobald wir uns überkaufen. Insofern kann man statistisch davon ausgehen, dass man etwa in der gleichen Häufigkeit gewinnt und verliert. Wenn wir also diesem Gedanken folgen, ist es für eine belastbare Berechnung nicht aussagekräftig, wenn man ausschließlich Beispiele aufwirft, bei denen im Verhältnis 4:1 gewonnen und verloren wird. Das habe ich nur deswegen gemacht, um den progressiven Aufbau der Einsätze darzustellen. Für eine aussagkräftigere Untersuchung schauen wir uns einmal eine Serie aus 20 Runden an, bei der wir im Wechsel immer fünfmal verlieren und fünfmal gewinnen:

Spiel	Einsatz	Gewinn	Verlust	Bankroll
1	5 €		5 €	45 €
2	5 €		5 €	40 €
3	5 €		5 €	35 €
4	5 €		5 €	30 €
5	5 €		5 €	25 €
6	5 €	5 €		30 €
7	6 €	6 €		36 €

Spiel	Einsatz	Gewinn	Verlust	Bankroll
8	7 €	7 €		43 €
9	8 €	8 €		51 €
10	9 €	9 €		60 €
11	10 €		10 €	50 €
12	5 €		5 €	45 €
13	5 €		5 €	40 €
14	5 €		5 €	35 €
15	5 €		5 €	30 €
16	5 €	5 €		35 €
17	6 €	6 €		41 €
18	7 €	7 €		48 €
19	8 €	8 €		56 €
20	9 €	9 €		**65 €**

Wie wir sehen, können wir bei dieser Variante der Gewinnprogression auch mit geringem Startkapital mehrere Verluste zu Beginn verkraften, über die gesamte Spieldauer unsere Einsätze gering halten und dennoch am Ende mit einem ordentlichen Gewinn den Tisch verlassen. Das dargestellte Beispiel bezieht sich auf einen linearen Verlauf aller Hände, ohne Verdoppeln und Splitten oder die 3:2-Auszahlung bei Blackjack zu berücksichtigen. Insofern halte ich es für legitim, den Erfolg dieser Strategie als belastbare Berechnungsgrundlage anzusehen. Wenn man diese Berechnung weiterdenkt, würde ich nach 90 Runden mein Startkapital verdoppelt haben. Das wäre der Zeitpunkt, an dem ich entweder das Spiel für den Tag beenden oder das Startkapital von der Bankroll separieren und einstecken würde. Da ich ab dann nur noch mit gewonnenem Kapital spiele, beträgt mein Verlustrisiko 0% und mein Spielspaß 100%. Wie ich bereits zur Martingale ausgeführt habe, passiert es aber durchaus, dass man auch einmal 10 Runden nacheinander verliert. Die grundsätzliche Frage ist, ob meine Bankroll es hergibt, eine solche Verlustserie zu verkraften. Wenn ich tatsächlich nur 50 € für Einsätze zur Verfügung habe und der Mindesteinsatz bei 5 € liegt, treibt mich eine Serie von 10 verlorenen Spielen am Anfang des Abends natürlich unweigerlich in den Bankrott. Daran ändert auch die beste Progressionsstrategie nichts. Ich habe es mir aus diesem Grund zur Angewohnheit gemacht, immer ausreichend Kapital für mindestens 20 Runden zur Verfügung zu haben. Auch das kann einen nicht vor Verlusten schützen, denn Fakt ist: Wenn du dich auf ein Glücksspiel einlässt, kannst du verlieren. Dennoch kann uns die Minimalprogression dabei helfen, auch bei längeren Verlustserien die Verluste gering zu halten und in der Gewinnphase entsprechend die Gewinnsummen nach oben zu schrauben. Um das zu verdeutlichen, gehen wir nun davon aus, dass wir von 20 Runden zunächst 10 gewinnen, bevor wir 10 in Folge verlieren:

Spiel	Einsatz	Gewinn	Verlust	Bankroll
1	5 €	5 €		55 €
2	6 €	6 €		61 €
3	7 €	7 €		68 €
4	8 €	8 €		76 €
5	9 €	9 €		85 €
6	10 €	10 €		95 €
7	11 €	11 €		106 €
8	12 €	12 €		118 €
9	13 €	13 €		131 €
10	14 €	14 €		145 €
11	15 €		15 €	130 €
12	5 €		5 €	125 €
13	5 €		5 €	120 €
14	5 €		5 €	115 €
15	5 €		5 €	110 €
16	5 €		5 €	105 €
17	5 €		5 €	100 €
18	5 €		5 €	95 €
19	5 €		5 €	90 €
20	5 €		5 €	**85 €**

An diesem Beispiel sieht man zunächst sehr deutlich, warum uns die minimale Gewinnprogression nicht weh tut: Natürlich sieht es viel aus, wenn wir in der 11. Runde auf einen Schlag 15 € verlieren. Wenn wir uns jedoch bewusst machen, dass 14 € davon der Reingewinn aus der vorherigen Runde waren, wir also folglich nur 1 € aus unserer Bankroll verloren haben, fühlt sich das schon ganz anders an. Ganz davon abgesehen haben wir durch die Progression in nur 10 Runden zuvor immerhin bereits 95 € Gewinn gemacht. Selbst wenn wir also nach der verlustreichen 11. Runde weitere 9 Runden (mit dem Minimaleinsatz) verlieren, stehen wir nach 20 Runden noch mit 35 € Gewinn da. Das entspricht einer Rendite von 70%.

Nehmen wir uns kurz die Zeit, einmal einen Blick auf die Höhe der Einsätze zu werfen: Wenn wir mit der Minimalprogression spielen, sind unsere Einsätze immer weit von den Tischlimits entfernt, selbst wenn diese sehr niedrig angesetzt sein sollten. Hinzu kommt, dass wir jederzeit ein, zwei oder auch mehrere verlorene Runden verkraften, da nur der erste Verlust relativ hoch ist (aber auch dieser lediglich 1 € unserer Bankroll umfasst) und die folgenden Verlustrunden uns lediglich den Minimaleinsatz kosten.

Unberücksichtigt bei der vorgestellten Serie ist die Entnahme des Basiskapitals beim Erreichen der Verdoppelungsschwelle. Auf das Gesamtergebnis hat dies keinen Einfluss.

Im Ergebnis halte ich das zuletzt vorgestellte System für die sinnvollste, ertragreichste und sicherste Variante, wenn man sich für ein progressives System entscheiden will. Wenn du Spitzenverdiener bist und die Tischlimits das zulassen, steht es dir natürlich frei, den von mir beispielhaft dargestellten Einsätzen jeweils eine 0 anzufügen. Die meisten Freizeitspieler, an die sich das Buch auch primär richtet, werden sich aber vermutlich mit kleinen Einsätzen wohler fühlen.

Das Paroli-Spiel

Eine spezielle Form der Gewinnprogression soll hier nicht unerwähnt bleiben, da sie einerseits recht populär ist und außerdem als Variante der Minimalprogression dienen kann, wenn diese nicht möglich ist. Das wäre beispielsweise der Fall, wenn die Einheitenstruktur in einem Casino nicht zulässt, dass meine Steigerungsrate nur 20% des Minimaleinsatzes beträgt. Konkret kommt das vor, wenn an einem Blackjack-Tisch zum Beispiel ein Mindesteinsatz von 5 € vorgesehen ist, die kleinste Einheit aber auch bei 5 € liegt. Um dann mit Erhöhungen zu spielen, die der vorgestellten Minimalprogression entsprechen, müsste mein Basiseinsatz bei 25 € liegen, der dann im Gewinn in Schritten von 5 € erhöht würde. Mir persönlich wäre hier das Risiko zu hoch, zumal ich schon mit 500 € Startkapital anfangen müsste, um auch in Verlustphasen noch effizient mit Verdoppeln und Splitten spielen zu können.

Dennoch besteht im Paroli-Spiel, das ansonsten überwiegend bei den klassischen Casino-Spielen Roulette oder Baccarat anzutreffen ist, hier eine Möglichkeit einer sinnvollen Gewinnprogression. Das System sieht folgenden Ablauf vor:

1. Ich spiele bedingungslos nach der Basisstrategie.
2. Ich lege eine bestimmte Summe fest, mit der ich spielen will, und deren Totalverlust ich ggf. verschmerzen kann. Nur diese Summe (und keinesfalls mehr) nehme ich mit an den Spieltisch.
3. Ich beginne mit dem kleinstmöglichen Einsatz. Diese Größe stellt eine „Einheit" dar.
4. Wenn ich eine Runde verliere, beginne ich erneut mit dem kleinstmöglichen Einsatz, d.h. ich setze eine Einheit.
5. Wenn ich eine Runde gewinne, erhöhe ich den Einsatz um eine Einheit.

Das System ist also sehr einfach nachzuvollziehen. Aufgrund der erheblichen Steigerungen besteht allerdings auch ein höheres Verlustrisiko; Immerhin setze ich nach einer gewonnenen Runde das Doppelte des ursprünglichen Einsatzes und nach der zweiten gewonnenen Runde sogar das Dreifache. Zur Risikominimierung beziehungsweise zur Sicherung des gewonnenen Kapitals empfehlen erfahrene Spieler, das Paroli-Spiel nur in Sequenzen zu spielen, wobei eine Sequenz 3 Runden umfasst. Wenn ich also 3 Runden in Folge gewonnen habe, habe ich 6 Einheiten gewonnen und kehre wieder zum ursprünglichen Mindesteinsatz von einer Einheit zurück.

Um die mögliche Entwicklung der Bankroll darzustellen, will ich auf das Rechenbeispiel einer Serie von 20 Runden zurückkommen, bei der gedacht auf jeweils 5 gewonnene 5 verlorene Runden folgen. Wir starten wieder mit 50 €:

Spiel	Einsatz	Gewinn	Verlust	Bankroll
1	5 €	5 €		55 €
2	10 €	10 €		65 €
3	15 €	15 €		80 €
4	5 €	5 €		85 €
5	10 €	10 €		95 €
6	15 €		15 €	80 €
7	5 €		5 €	75 €
8	5 €		5 €	70 €
9	5 €		5 €	65 €
10	5 €		5 €	70 €
11	5 €	5 €		75 €
12	10 €	10 €		85 €
13	15 €	15 €		100 €
14	5 €	5 €		105 €

Spiel	Einsatz	Gewinn	Verlust	Bankroll
15	10 €	10 €		115 €
16	15 €		15 €	100 €
17	5 €		5 €	95 €
18	5 €		5 €	90 €
19	5 €		5 €	85 €
20	5 €		5 €	**80 €**

Wie wir sehen, kann man mit dem Paroli-Spiel bei identischem Spielverlauf eine höhere Rendite erzielen als mit der Minimalprogression. Allerdings hängt der Begriff Rendite eng mit dem Begriff Risiko zusammen. Wenn es nämlich mal richtig schlecht läuft, und ich im ständigen Wechsel zweimal verliere und zweimal gewinne, wäre ich mit dem Paroli-Spiel nach 34 Runden bankrott, während ich mit der Minimalprogression zum selben Zeitpunkt lediglich 18 € verloren hätte.

Der Nachteil des Paroli-Spiels ist also die geringere Ausdauer gegenüber Durststrecken und glücklosen Spielphasen. Dennoch ist das Paroli-Spiel in Dreiersequenzen für mich das Mittel der Wahl, wenn die kleinste Einheit am Tisch 5 € beträgt. Der Vorteil liegt hier ganz klar auch darin, dass ich mich (wie bei der Minimalprogression) ständig weit abseits des Tischmaximums bewege, bei einem guten Lauf aber dennoch ordentliche Gewinne verbuchen kann.

Es gibt kein sicheres System, wie man beim Blackjack immer nur gewinnen kann. Internetseiten, Bücher und Videos, die das versprechen, sind unseriös! Ich empfehle dringend, jedes vorgestellte System in Spielprogrammen oder Blackjack-Apps fürs Handy ohne Geldeinsatz umfangreich zu testen, bevor man sich mit einem solchen System an Geldspiele bei Online-Casinos oder an einen Live-Tisch wagt.

Einige Worte zu Online-Casinos

Deutlich mehr Spieler als in echten Casinos an den Spieltischen sitzen, spielen von zuhause aus in Online-Casinos. Die Gründe dafür liegen auf der Hand:

1. Das Spielen ist mit viel weniger Aufwand verbunden.
2. Das Spielen ist weniger aufregend, wodurch weniger Störfaktoren meine Konzentration stören können.
3. Es gibt sehr viele Online-Casinos, die zudem noch rund um die Uhr erreichbar sind.
4. Die Spieler werden durch Werbung auf Casinos aufmerksam, während sie nach Live-Casinos aktiv suchen und dorthin fahren müssten.

5. Online-Casinos bieten attraktive Bonus-Zahlungen, meist auf die erste Einzahlung.
6. Man kann Kartenzähl-Programme mitlaufen lassen, ohne dass ein Casino-Mitarbeiter von seinem Hausrecht Gebrauch macht.

Ist das Spielen in Online-Casinos legal?

In Deutschland sind Glücksspiele durch den Glücksspiel-Staatsvertrag geregelt, auf dessen Basis Spiellizenzen und entsprechende Genehmigungen erteilt werden. Darunter fallen etwa die Veranstaltung von Lotterien sowie das Betreiben von Casinos. In Deutschland ist die Teilnahme an einem nicht genehmigten Glücksspiel verboten. Wer dies dennoch tut, macht sich strafbar. Gemäß § 285 StGB ist die Straftat mit Freiheitsstrafe bis zu sechs Monaten oder mit Geldstrafe bis zu 180 Tagessätzen bedroht.

Die Online-Casinos haben regelmäßig ihren Sitz nicht in Deutschland. Ob die Genehmigung des Landes, in dem sie ihren Sitz haben, dazu ausreicht, dass sich Spieler aus Deutschland durch das Spielen nicht strafbar machen, ist nach wie vor strittig. Allerdings ist in der Literatur kein Fall bekannt, bei dem jemand von einem deutschen Gericht verurteilt worden wäre, weil er in einem Online-Casino mit Sitz im Ausland gespielt hätte.

Wir reden hier also von einer rechtlichen Grauzone, in der das Mitspielen vermutlich einen Verstoß darstellen könnte, der faktisch jedoch nicht geahndet wird.

Warum ich nicht in Online-Casinos spiele

In der Annahme, dass das Spielen in Online-Casinos legal sein müsse, weil diese ja auch offen sogar im Fernsehen beworben werden und ganz offensichtlich über die entsprechenden Lizenzen in ihrem Heimatland verfügen, habe ich mich in der Vergangenheit bei solchen Seiten angemeldet und dort mitgespielt. Während ich jedoch in Spiele-Apps ohne Gewinn-möglichkeit und auch in Live-Casinos beim strikten Befolgen der Basis-Strategie und der Anwendung der Minimalprogression regelmäßig öfter gewinne als verliere, haben meine Spiele bei Online-Casinos letztlich immer zum Totalverlust geführt. Ich würde nicht so weit gehen wollen, den Casinos unlautere Methoden zu unterstellen, aber bei mir hat sich die Ansicht etabliert, dass ich beim Online-Spiel eben keine Möglichkeit habe, das Umdrehen der Karten live zu verfolgen. Natürlich ist es mir auch in Live-Casinos schon passiert, dass der Dealer mehrfach hintereinander aus einer schlechten Starthand eine 20 oder 21 gezaubert und damit meine 18 oder 19 geschlagen hat. In Online-Casinos ist mir das aber gefühlt öfter passiert und zudem immer dann, wenn meine Einsätze entsprechend hoch waren.

Überdies macht das Spielen mit anderen Menschen am Tisch, das gemeinsame Erleben von Sieg und Niederlage, einfach viel mehr Spaß. Letztlich spiele ich lieber seltener, dafür aber in schönerem Ambiente und mit mehr Nervenkitzel.

Glossar

Ablagefach – Nach einer Spielrunde sammelt der Dealer die gespielten Karten ein und legt sie ins Ablagefach. Anhand der Größe des Kartenstapels im Ablagefach können geübte Kartenzähler die Anzahl der noch im Spiel befindlichen Decks abschätzen und so aus dem Running Count den True Count errechnen.

Bankroll – Der Vorrat an Kapital, der dem Spieler zur Verfügung steht.

Blackjack – Das Erreichen einer Kartenwertsumme von 21 Punkten mit nur zwei Karten, was folglich nur aus der Kombination von Ass mit einer 10 oder einer Bildkarte entstehen kann. Der Blackjack führt zum sofortigen Gewinn des Spiels, außer wenn auch der Dealer Blackjack hat. In diesem Fall wird unentschieden gewertet und der Spieler erhält seinen Einsatz zurück. Wenn der Dealer Blackjack hat, verlieren alle Spieler ihre Einsätze, die nicht ihrerseits Blackjack haben.

Box – Das Spielfeld für die Karten des Spielers. Die meisten Blackjack-Tische in Casinos bieten sieben Boxen, sodass bis zu sieben Spieler gleichzeitig spielen können. Als Zuschauer kann man auf der Box eines Spielers mitspielen, indem man Einsätze auf einer der unteren Ecken platziert. Man hat jedoch kein Mitspracherecht und muss alle Entscheidungen des Spielers mittragen, so auch etwa Splitten oder Verdoppeln. Man sollte daher sehr sorgfältig auswählen, bei welchem Spieler man einsteigen will.

Bust → Überkaufen

Chips – Blackjack wird nicht mit Bargeld, sondern mit Chips gespielt. Die Chips variieren von Casino zu Casino. Üblich sind Stückelungen zu 1 / 2,5 / 5 / 25 / 100 / 500. Die Chips sind jeweils alle gleich groß, unterscheiden sich aber in ihrer Farbe. Casinos haben meist fälschungssichere Chips mit aufwändigen Designs und Hologrammen.

Dealer – Beim Blackjack spielt der Dealer für die Bank. Für ihn gelten spezielle Spielregeln. Da er nicht selbst gewinnt oder verliert, sondern sein Spielergebnis nur Gewinn oder Verlust für die teilnehmenden Spieler bedeutet, hat er kein eigenes Interesse am Ergebnis einer Runde. Allerdings kann man den Dealer auf einer oberen Ecke seiner Box mit einem Trinkgeld mitspielen lassen, sodass er die Möglichkeit hat, selbst etwas zu gewinnen, wenn der Spieler gewinnt. Einfluss auf den Spielverlauf wird das nicht haben, da der Dealer keine Entscheidungsbefugnis hat, wann er weiter ziehen oder halten muss.

Deck – Ein Kartendeck besteht aus den 52 Spielkarten eines Pokerblatts. Beim Blackjack werden oft mehrere (meistens 6 oder 8) Decks ineinander gemischt.

Double-Down – Nach den ersten beiden Karten kann der Spieler seinen Einsatz verdoppeln, wenn er der Meinung ist, das Spiel mit hoher Wahrscheinlichkeit zu gewinnen. Dazu wird dieselbe Summe des vorherigen Einsatzes zu den Chips in die Box gelegt.

Einsatz – Um mitspielen zu können, muss jeder Spieler einen Einsatz bringen. Anders als etwa beim Poker ist der Einsatz fällig, bevor man seine Karten gesehen hat. Es handelt sich also in allen Fällen um einen Blindeinsatz. Es gibt an allen Tischen Mindest- und Höchsteinsätze. Anhand der Mindesteinsätze kann man errechnen, wie viele Spiele man mit einem gewissen Startkapital mindestens bestreiten beziehungsweise wie viele verlorene Spiele man in Serie verkraften kann. Der Höchsteinsatz spielt in erster Linie für Progressionen eine Rolle, da man bei sukzessiver Verdoppelung der Einsätze unter Umständen sehr schnell das Einsatzlimit erreicht.

Even Money – Wenn ein Spieler Blackjack hat, der Dealer aber als erste Karte ein Ass aufdeckt, kann der Spieler entscheiden, statt der Chance auf eine 3:2-Gewinn sofort 1:1 ausbezahlt zu werden. Damit geht er auf Nummer Sicher, da ein Blackjack des Dealers ein Unentschieden und damit keinen Gewinn bedeuten würde. Diese Möglichkeit wird nur in manchen Casinos angeboten, weswegen man das erfragen sollte.

Fold – Wenn man eine schlechte Starthand gegen eine aussichtsreiche Karte des Dealers bekommt, kann man das Spiel aufgeben (Surrender). Dabei verliert man nur die Hälfte seines Einsatzes, vergibt aber natürlich auch die Chance, doch noch gewinnen zu können. Auch diese Möglichkeit wird nicht in allen Casinos angeboten und sollte erfragt werden.

Hard Hand – Als harte Hand werden Karten bezeichnet, bei denen die Addition der Werte konkret einen festen Wert darstellt. Im Gegensatz zu einer weichen Hand, bei der durch ein Ass (1 oder 11) ein variabler Wert vorliegt, lässt einem eine harte Hand weniger Entscheidungsspielraum.

Hit – Das Anfordern einer weiteren Karte. Im Live-Spiel wird der Hit dem Dealer signalisiert, indem man auf den Tisch klopft oder auf seine Karten zeigt.

Insurance → Versicherung

Kartenzählen – Das Nachhalten der gespielten Karten kann verwendet werden, um die Wahrscheinlichkeiten bevorstehender Blackjacks zu errechnen. Das Zählen erfordert viel Übung. Es ist nicht illegal, in Casinos jedoch nicht erwünscht. Wer als Kartenzähler entdeckt wird, muss mit Hausverbot rechnen.

Martingale – Die Martingale-Progression bezeichnet eine sukzessive Einsatzverdoppelung nach einem Verlust. Sie basiert auf der Annahme, dass ein verlorenes Spiel die Wahrscheinlichkeit für einen

Gewinn im nächsten (oder übernächsten) Spiel steigert. Eine andere Bezeichnung lautet daher auch Verlust-Progression. Das Gegenteil wäre eine Gewinn-Progression, bei der man den Einsatz erhöhen würde, wenn man ein Spiel gewonnen hat.

Multideck – Beim Blackjack werden meist mehrere Decks (ein Deck enthält die 52 Karten eines Pokerblatts) zusammengemischt. Die entstandene Gesamtmenge (zum Beispiel 312 Karten aus 6 Decks) bezeichnet man als Multideck.

Paroli-Spiel – Das Paroli-Spiel bezeichnet eine sukzessive Einsatzerhöhung um Einheiten während einer Gewinnphase. Es handelt sich also um eine Gewinnprogression, die von Experten aus Sicherheitsgründen meist nur in Sequenzen je drei Runden gespielt wird.

Progression – Als Progression bezeichnet man die sukzessive Erhöhung des Einsatzes.

Push → Unentschieden

Running Count – Zahlenwert des Decks beim Kartenzählen in der Hi-Lo-Variante.

Schlitten → Schuh

Schuh – Der Kartenschuh (auch Schlitten genannt) enthält den Vorrat der noch nicht gespielten Karten.

Soft Hand – Eine weiche Hand hat man, wenn man neben einer Karte mit Zahlenwert ein Ass erhält.

Dadurch, dass das Ass wahlweise als 1 oder 11 gezählt wird, ist die Kartenwertsumme variabel. Dies eröffnet die Möglichkeit eines Hit oder Double-Down auch dann noch, wenn bei einer harten Hand das Risiko des Überkaufens zu groß wäre.

Split – Erhält der Spieler mit den ersten Karten ein Paar, also Karten mit demselben Wert, so kann er die Karten trennen und faktisch zwei Spiele gegen den Dealer führen. Jede Einzelkarte wird dann separat gewertet. Zum Splitten muss man den vorherigen Einsatz noch einmal aufbringen, da nun jede der beiden Startkarten mit diesem Einsatz versehen wird. Beim Splitten von Assen gibt es die Besonderheit, dass der Spieler auf jedes Ass nur noch eine Karte erhält, folglich auch nicht mehr verdoppeln kann. Wenn die Zusatzkarte eine 10 oder eine Bildkarte ist, zählt das Ergebnis 21 Punkte, wird aber nicht als Blackjack gewertet. Sollte beim Splitten von Assen ein weiteres Ass hinzutreten, ist es in manchen Casinos zulässig, weiter zu splitten, in anderen nicht. Diese Frage kann bei Bedarf der Dealer beantworten.

Stand – Wenn ein Spieler glaubt, genügend Punkte zu haben, um den Dealer zu schlagen, oder aber befürchtet, sich mit der nächsten Karte zu überkaufen, kann er die Runde mit einem Stand beenden. Das bedeutet, er nimmt keine neue Karte mehr. Im Live-Spiel wird der Stand dem Dealer signalisiert, indem man mit der Hand eine horizontale Schnittbewegung über den Karten ausführt.

Surrender → Fold

Trainer – Es gibt sowohl PC-Programme als auch kostenlose Apps, mit denen man sein Spiel trainieren kann. Das Training kann sich sowohl auf das taktische Spiel anhand der Grundstrategie als auch auf das Kartenzählen beziehen.

True Count – Zahlenwert beim Kartenzählen. Der True Count wird ermittelt, indem man den Running Count durch die Anzahl der im Schuh verbliebenen Decks teilt.

Überkaufen – Sobald ein Spieler nach dem Ziehen einer Karte eine Kartenwertsumme von 21 überschreitet, hat er sich überkauft und verliert seinen Einsatz an die Bank. Wenn sich der Dealer überkauft, gewinnen alle Spieler, die noch im Spiel sind, un-geachtet ihrer Punktzahl.

Unentschieden – Erreicht der Dealer dieselbe Punktzahl wie ein Spieler, wird Spiel unentschieden gewertet (Push), und der Spieler erhält seinen Einsatz zurück.

Versicherung – Wenn der Dealer als erste Karte ein Ass aufdeckt, können die Spieler sich gegen Blackjack versichern. Dazu müssen sie die Hälfte ihres Einsatzes auf das Versicherungsfeld legen. Hat der Dealer Blackjack, erhalten sie das Doppelte ihrer Versicherungssumme ausgezahlt und können damit ihren kompletten Einsatz absichern.

In eigener Sache

Liebe Leserin, lieber Leser,

ich hoffe, dass du in diesem Buch die Informationen finden konntest, die du gesucht hast. Wenn du Fragen oder Anregungen hast, aber auch, wenn du konstruktive Kritik vorbringen möchtest, kannst du mich gern über meine Website kontaktieren oder mir eine E-Mail schreiben:

→ www.ThorSAutor.de

→ thors.autor@mail.de

Ich versuche, alle Nachrichten so schnell wie möglich zu beantworten.

Wenn du mich unterstützen möchtest, wäre es toll, wenn du die Zeit findest, eine kurze Bewertung über dieses Buch zu verfassen, sei es bei Amazon, BoD oder einem der anderen Anbieter.

Auch über Likes meiner Autorenseite bei Facebook freue ich mich immer. Auch dort hast du natürlich die Möglichkeit, mit mir in Kontakt zu treten.

Wenn dir das Buch gefallen hat und dir vielleicht sogar helfen konnte, ein paar Chips am Blackjack-Tisch zu gewinnen, wäre es natürlich super, wenn du es weiterempfehlen würdest, damit auch andere Freizeitspieler entdecken, dass man kein Genie sein muss, um bei mathematik-basierten Spielen besser zu werden.

Da ich nur ein Hobby-Autor bin und gern über die Dinge schreibe, die mir am Herzen liegen und die mir Spaß machen, hoffe ich, dass du mir vielleicht die ein oder andere unprofessionelle Formulierung verzeihst. Vielleicht interessieren dich auch andere Themen, mit denen ich mich bereits beschäftigt habe. Eine kostenlose Leseprobe meines 2017 veröffentlichten Buchs „Theoretische Grundlagen der Selbstverteidigung" findest du am Ende dieses Werks.

Auf Wiedersehen!

Thorsten Schmidt,

im Juni 2020

Weiterführende Informationen

Mit diesem Buch solltest du alle Informationen erhalten haben, die du als Freizeitspieler für erfolgreiches Blackjack-Spielen benötigst. Wenn du in einzelne Themen tiefer einsteigen möchtest, empfehle ich dir die Informationsquellen, die ich für die Recherchen zu diesem Buch genutzt habe.

Literatur

CARDOZA, A. (2011): Winning Casino Blackjack For The Non-Counter. Cardoza Publishing.

CARDOZA, A. (2012): Essential Blackjack Wisdom. Cardoza Publishing.

CARDOZA, A. (2018): Quick Guide To Winning Blackjack. Cardoza Publishing.

CARLSON, B. (2017): Blackjack for Blood: The Card Counters' Bible and Complete Winning Guide. Huntingdon Press.

CORDONNIER, C. (2002): Black Jack: Spiel und Strategie. Printul.

FOWLER, A. (2009): Double-Down Blackjack: The Uncomplicated Version. CreateSpace.

HUMBLE, L. & Cooper, C. (1987): The World's Greatest Blackjack Book. Three Rivers Press.

JONES, C. (2019): The 21st-Century Card Counter: The Pros' Approach to Beating Blackjack. Huntingdon Press.

LUTZ, M. (2010): Spielkarten merken in Sekunden: Das geniale Gedächtnistraining. Books on Demand, Norderstedt.

LUTZ, M. (2012): Black Jack ohne Black Out: Das geniale Gedächtnistraining für alle Kartenspieler. Books on Demand, Norderstedt.

MEZRICH, B. (2002): Bringing Down the House: The Inside Story of Six M.I.T. Students Who Took Vegas for Millions. Atria Books.

MEZRICH, B. (2008): 21. Heyne-Verlag.

RENZEY, F. (2017): Blackjack Bluebook II: The Simplest Winning Strategies Ever Published. Blackjack Mentor.

RÜSENBERG, M. (2003): Black Jack: Handbuch für Strategen. Printul.

RÜSENBERG, M. (2003): Black Jack: So schlagen Sie die Spielbank! Printul.

RÜSENBERG, M. (2006): Black Jack für Einsteiger: Strategien und Knowhow. Printul.

SCHULZE, M. (2014): Black Jack: Das weltweit meistgespielte Karten-Glücksspiel. Schulze-Media.

SNYDER, A. (2005): Blackbelt in Blackjack: Playing Blackjack as a Martial Art. Cardoza.

TAMBURIN, H. (1994): Take the Money and run. Research Services Unlimited.

THORP, E. (1962): Beat the Dealer: A Winning Strategy for the Game of Twenty-One. Blaisdell, New York.

USTON, K. (1992): Million Dollar Blackjack. Citadel Press.

VEGAS, R. (2014): Blackjack Winner: Besser Blackjack spielen: Blackjack Regeln, Strategie und Kartenzählen lernen. Blackjack-Winner.de.

WONG, S. (1994): Professional Blackjack. Pi Yee Press.

Internetseiten

Die nachfolgend genannten Internetseiten bieten tiefergehende Informationen zu den Themen Spielregeln, Strategien und Kartenzählen:

→ www.ace-ten.com

→ www.blackjackschule.org

→ www.blackjack-winner.de

→ www.black-jack.de

→ www.casinospielen.de

→ www.gamblingplanet.eu

→ www.strategieblackjack.de

Sehr aufschlussreich finde ich den ausführlichen Blog „Ultimate Guide to Blackjack" von Henry Tamburin. Den Blog findest du hier:

→ de.888casino.com/blog/blackjack-strategie-anleitung

YouTube Channels

YouTube ist heutzutage als Informationsquelle quasi nicht mehr wegzudenken. Wenn du dort allerdings den Suchbegriff „Blackjack" eingibst, führt das zu gefühlten Millionen Treffern. Es gilt also, die brauchbaren von den unbrauchbaren (oder den gefährlichen) zu unterscheiden. Die nachfolgende Aufzählung ist nicht abschließend. Ich zähle nur einige Kanäle auf, die mir positiv aufgefallen sind:

→ CasinoSpielen.de

→ CASINO TRICKS

→ Mathe - simpleclub

An dieser Stelle noch einmal der Hinweis: Videos, die dir versprechen, garantiert und immer beim Blackjack zu gewinnen, sind Fakes! So etwas gibt es nicht. Wer den Tipps aus diesen Videos folgt, wird sein Geld verlieren.

Handy-Apps

Es gibt zahlreiche Handy-Apps, mit denen man Blackjack spielen oder trainieren kann. Einige habe ich getestet und wieder aussortiert, aber andere spiele ich nach wie vor mit Begeisterung, um Strategien oder Systeme zu testen. Diejenigen, die mir am besten gefallen, möchte ich hier kurz vorstellen:

→ AbZorba Live Blackjack

Mit der kostenlosen App kannst du in virtuellen Casinos um Credits spielen. Es gibt auch einen Turniermodus, der nicht für herkömmliche Setz-Systeme geeignet ist, aber zwischendurch zum Auffüllen der Credits sehr einträglich ist. Es gibt In-App-Käufe, die man aber meines Erachtens nicht benötigt. Ich selbst spiele mittlerweile in der Masters League, gelegentlich bewege ich mich sogar weltweit unter den Top 100. Durch das konsequente Anwenden der Strategien und Systeme aus diesem Buch beträgt meine Bankroll mittlerweile über 250 Millionen Credits. Ich glaube, angefangen habe ich mit 6.500. Schade, dass man sich das nicht auszahlen lassen kann…

→ Blackjack Strategy

Diese App bietet kein eigentliches Spiel, sondern wirft dir immer nur Starthände für dich und den Dealer aus, anhand derer du die grundlegenden taktischen Entscheidungen  treffen musst (Halten, Ziehen, Verdoppeln, Splitten). Du kannst die App also dazu nutzen, um zu testen, wie sattelfest du in der Anwendung der Basisstrategie bist. Meine beste Serie waren bislang 103 richtige Entscheidungen in Folge und statistisch treffe ich zu 93,7% richtige Entscheidungen. Aber ich arbeite weiter daran.

→ Blackjack Card Counter

Diesem kleinen Programm kannst du gewisse Vorgaben machen, etwa die Anzahl vorhandener Decks. Danach gibst du nur noch über Tasten ein, welche Karten gefallen sind. Die App wirft dir dann in Echtzeit aus, wie viele Karten noch im Schuh sind, wie hoch der Running Count und der True Count sind. Die App kann auch in einen Stealth Mode geschaltet werden, sodass sie mit einem fast schwarzen Bildschirm gespielt werden kann. Damit sollte man sich jedenfalls nicht in einem Casino erwischen lassen...

→ Card Counter Lite

Im Gegensatz zu der zuvor erwähnten App ist der Card Counter Lite ein Trainingsprogramm, mit dem du deine Fähigkeiten beim Kartenzählen trainieren und verbessern kannst. Ich muss allerdings gestehen, dass ich über den Schwierigkeitsgrad „medium" noch nicht hinausgekommen bin.

Filme

Einerseits als Quellenangabe, andererseits aber auch als Empfehlung sollen hier die Datenbankangaben der im Buch genannten Filme aufgeführt werden:

→ 21. Regie: Robert Luketic, USA (2008)

→ Hangover. Regie: ToD Phillips, USA (2009)

→ Rain Man. Regie: Barry Levinson, USA (1988)

Rechtliches

Mit der Veröffentlichung eines Buchs stellt man Inhalte, Angaben, ggf. auch Bilder und Internet-Links öffentlich dar. Dieser Umstand kommt insbesondere bei Sachbüchern zum Tragen, wenn man Zusammenhänge erläutern oder auf weitere Informationsquellen hinweisen will. Dabei macht auch das vorliegende Buch keine Ausnahme. Der Gesetzgeber hat in diesem Kontext einige Regularien festgelegt, die es erfordern, dass ich an dieser Stelle auf einige Aspekte ausdrücklich eingehe:

Gewährleistungs- und Haftungsausschluss

Blackjack ist und bleibt ein Glücksspiel. Wenn du die Strategien und Hinweise dieses Buchs beherzigst, kannst du deine Gewinnchancen ein wenig steigern. Dennoch kannst du auch verlieren, selbst wenn du alles richtig gemacht hast.

Ich schließe hiermit jegliche Gewährleistung und Haftung für Schäden aus, die durch Nachahmung der von mir beschriebenen Verfahren entstehen. Wenn du um Geld spielst, geschieht dies ausschließlich auf dein eigenes Risiko! Spiele nur um solche Beträge, deren Totalverlust du im schlimmsten Fall verkraften kannst!

Bildnachweis

Die in diesem Buch dargestellten Screenshots und Grafiken habe ich selbst erstellt. Das Coverfoto stammt von der britischen Fotografin Emma Wright (Flickr-Account editorialgirl) und wurde mir zur Bearbeitung zur Verfügung gestellt. Thank you, Emma, also for the kind contact!

Haftung für Links

Ich habe für meine Recherchen unterschiedliche Webseiten besucht und auch benannt, damit Leserinnen und Leser dort jeweils weitere Informationen zum Thema erlangen können.

Ich weise an dieser Stelle darauf hin, dass ich mit keiner der genannten Webseiten in irgendeiner Form in Verbindung stehe. Für die Inhalte der Webseiten sind allein die jeweiligen Seitenbetreiber verantwortlich. Die Angabe der Internetseiten erfolgt ausschließlich als Referenz und Quellennachweis zu den beschriebenen Schlussfolgerungen. Ich distanziere mich daher ausdrücklich von den Inhalten dieser Seiten, da ich keine Kontrolle über den gesamten Informationsgehalt zum heutigen Datum oder ggf. Änderungen in der Zukunft habe.

Anhang

Hier findest du die Inhalte der Basisstrategie übersichtlich in Tabellen dargestellt. Es ist übrigens zulässig, diese Tabellen mit an den Spieltisch zu nehmen und die Entscheidungen dort nachzulesen.

Strategietabelle für Hard Hands

eigene Starthand	erste Karte des Dealers									
	2	3	4	5	6	7	8	9	10	A
5 - 8	H	H	H	H	H	H	H	H	H	H
9	H	D	D	D	D	H	H	H	H	H
10	D	D	D	D	D	D	D	D	H	H
11	D	D	D	D	D	D	D	D	D	H
12	H	H	S	S	S	H	H	H	H	H
13	S	S	S	S	S	H	H	H	H	H
14	S	S	S	S	S	H	H	H	H	H
15	S	S	S	S	S	H	H	H	H	H
16	S	S	S	S	S	H	H	H	H	H
17 - 20	S	S	S	S	S	S	S	S	S	S

H   Hit = Karte ziehen
S   Stand = Halten (keine weitere Karte ziehen)
D   Double Down = Einsatz verdoppeln

Strategietabelle für Soft Hands

eigene Starthand	erste Karte des Dealers									
	2	3	4	5	6	7	8	9	10	A
A-2	H	H	H	D	D	H	H	H	H	H
A-3	H	H	H	D	D	H	H	H	H	H
A-4	H	H	D	D	D	H	H	H	H	H
A-5	H	H	D	D	D	H	H	H	H	H
A-6	H	D	D	D	D	H	H	H	H	H
A-7	S	D	D	D	D	S	S	H	H	H
A-8	S	S	S	S	S	S	S	S	S	S
A-9	S	S	S	S	S	S	S	S	S	S

H	Hit = Karte ziehen
S	Stand = Halten (keine weitere Karte ziehen)
D	Double Down = Einsatz verdoppeln

Strategietabelle für Paare

eigene Starthand	erste Karte des Dealers									
	2	3	4	5	6	7	8	9	10	A
2-2	/	/	/	/	/	/	H	H	H	H
3-3	/	/	/	/	/	/	H	H	H	H
4-4	H	H	H	/	/	H	H	H	H	H
5-5	D	D	D	D	D	D	D	D	H	H
6-6	/	/	/	/	/	H	H	H	H	H
7-7	/	/	/	/	/	/	H	H	H	H
8-8	/	/	/	/	/	/	/	/	/	/
9-9	/	/	/	/	/	S	/	/	S	S
10-10	S	S	S	S	S	S	S	S	S	S
A-A	/	/	/	/	/	/	/	/	/	/

H	Hit = Karte ziehen
S	Stand = Halten (keine weitere Karte ziehen)
D	Double Down = Einsatz verdoppeln
/	Split = Karten teilen

Kostenlose Leseprobe

Theoretische Grundlagen der Selbstverteidigung

Strategische Vorbereitung für den Ernstfall

ISBN-13: 978-3744814904

Taschenbuch: 160 Seiten.

Auch als E-Book erhältlich!

Lektion 2 Kämpfen oder nicht kämpfen?

In einem Buch über Selbstverteidigung mag die Frage „Kämpfen oder nicht kämpfen?" etwas merkwürdig anmuten. Bereiten wir uns denn nicht hier auf das Kämpfen vor? Die Antwort lautet weder ja noch nein. Natürlich wollen wir uns damit beschäftigen, wie wir Angriffe abwehren können. Andererseits beinhaltet ein Kampf auch immer Risiken. Egal, wie gut ausgebildet wir in der Anwendung von Kampftechniken sind; Das Risiko, selbst verletzt zu werden, besteht in jeder Kampfsituation. Selbst wenn es uns gelingt, den Angreifer mit Kampftechniken zu stoppen und außer Gefecht zu setzen, bleibt das Risiko der rechtlichen Folgen. Am Ende dieser Lektion werde ich ein interessantes Urteil wiedergeben, das ich in diesem Zusammenhang einmal aufgeschnappt habe.

„Wer kämpft, kann verlieren.

Wer nicht kämpft, hat schon verloren."

(BERTOLT BRECHT)

Wer dieses Zitat liest, vermutet wahrscheinlich eher einen Selbstverteidigungslehrer als Begründer der Aussage, nicht einen Schriftsteller und Lyriker. Brecht legt uns damit quasi ans Herz, uns Herausforderungen zu stellen und einem Kampf nicht auszuweichen. Das klingt ganz dem Motto eines gewaltbereiten Kämpfers.

Dazu muss man wissen, dass Brecht im frühen 20. Jahrhundert als überzeugter Kommunist strikter Gegner des Nazi-Regimes in Deutschland war und wegen Hochverrats angeklagt wurde. Er flüchtete daraufhin und verbrachte Jahre im Exil. Ich denke, dass sein oben wiedergegebenes Zitat sich darauf bezieht, dass man Unrecht nicht hinnehmen, sondern sich dagegen auflehnen soll. Nun ist eine solche Aussage sicher im Kontext mit einem Unrechtsregime, in dem Menschen verfolgt und ermordet werden, anders zu bewerten, als wenn uns auf der Straße jemand um den Inhalt unserer Geldbörse erleichtern will.

Aus meiner Sicht muss man sich immer auch die Frage stellen, ob sich ein Kampf lohnt. Um diese Frage zu beantworten, muss klar sein, was ich verliere, wenn ich nicht kämpfe. Ist der Verlust die Risiken wert, die jeder Kampf mit sich bringt? Um die Bedeutung dieser Frage zu erläutern, möchte ich ein Beispiel anführen:

Vor etwa zwanzig Jahren erzählte mein Vater mir von einem Bekannten, der beruflich häufig in Drittweltländern unterwegs war. Der Bekannte war ein durchtrainierter American-Football-Spieler.

Jedenfalls hatte er sich irgendwo in Südamerika in einer Bar aufgehalten und war leicht angetrunken auf dem Heimweg von einem Straßenräuber unter Vorhalt eines Messers aufgefordert worden, sein Geld heraus zu geben. Er hatte ihm daraufhin ohne Zögern sein Bargeld gegeben und beide waren anschließend ihrer Wege gegangen.

Meine Reaktion als junger Kampfsportler war nicht unbedingt Entsetzen, aber doch Unverständnis. Da war dieser Hüne von einem Mann, der es gewohnt war, andere Hünen über den Haufen zu rennen und der gab einem dahergelaufenen Wicht einfach so sein Geld? Als ich nachhakte, erklärte mir mein Vater, dass sein Bekannter für solche Zwecke immer nur kleine Menge Geldes mit sich führe. Er war offenbar daran gewöhnt, als optisch leicht erkennbarer Europäer in solchen Ländern ausgeraubt zu werden. Er betrachtete die kleine Summe als unwert, dafür ein Risiko einzugehen. In jungen Jahren hätte ich mich immer nur gefragt, ob ich den Angreifer schaffe. Der Anlass wäre mir relativ gleichgültig gewesen. Nun kommt mit dem Alter vielleicht ein wenig Weisheit. Heute, mit größerer Lebenserfahrung, sehe ich das alles etwas anders.

In diesem Zusammenhang möchte ich nun auf das avisierte Urteil zu sprechen kommen, das ich zu Beginn dieser Lektion angesprochen habe. Über das Urteil wurde vor einigen Jahren im Radio berichtet, und da ich zu dieser Zeit begann, Kurse zum Thema Selbstverteidigung zu geben, erregte es meine Aufmerksamkeit. Der Entscheidung des Gerichts lag folgender Sachverhalt zugrunde:

Ein Mann ging mit seiner Freundin von einer Party nach Hause. Unterwegs begegnete ihnen ein Betrunkener, der die beiden beschimpfte und die Frau anmachte. Ihr Begleiter rief den Mann zur Ordnung und drohte ihm Schläge an, wenn er die Frau weiter belästige. Der Betrunkene gab jedoch keine Ruhe und begann, die Frau zu begrapschen.

Es folgt eine dramaturgische Pause, um dem Leser die Gelegenheit zu bieten, sich in die Perspektive des Begleiters der jungen Dame hineinzuversetzen und eine hypothetische Entscheidung zu treffen, wie er selbst sich verhalten würde.

Der junge Mann in unserem Beispiel versuchte, den Betrunkenen wegzuschieben, woraus sich ein Gerangel entwickelte. In dessen Verlauf schlug der Begleiter der belästigten Frau dem Betrunkenen mit der Faust ins Gesicht, woraufhin dieser zu Boden stürzte. Nun war der Angreifer allerdings Brillenträger. Er fiel aufs Gesicht, wobei die Brille zerbrach und ein Glassplitter ins Auge eindrang. In der Folge verlor der Angreifer auf einem Auge die Sehfähigkeit.

Ohne der Lektion über das Thema „Recht" allzu weit vorgreifen zu wollen, drängt sich hier dem Leser sicher die Vermutung auf, dass die Handlung des jungen

Mannes unter dem Begriff „Notwehr" einzuordnen sein dürfte. Das sehe ich auch so. Problematisch gestaltete sich jedoch, dass der entscheidende Richter dies anders sah. Er warf dem Angeklagten vor, bei seiner aus Notwehr motivierten Aktion habe er berücksichtigen müssen, dass der später Verletzte zum einen alkoholisiert und zum anderen Brillenträger gewesen sei. Es liege nicht außerhalb der allgemeinen Lebenserfahrung und sei somit in Betracht zu ziehen gewesen, dass der Betrunkene aufgrund seiner alkoholbedingten Beeinträchtigung seines Gleichgewichtssinns durch den Faustschlag zu Boden stürzen werde. Dies habe der Angeklagte berücksichtigen müssen, ebenso wie die Möglichkeit, dass bei dem Sturz die Brille zerbrechen würde. In der Folge sei ihm auch zuzumuten gewesen zu erkennen, dass ein zerbrochenes Brillenglas zu einer schweren Verletzung und dem daraus resultierenden Verlust der Sehfähigkeit führen könne. Im Ergebnis wurde der junge Mann im Namen des Volkes dazu verurteilt, dem Angreifer Schmerzensgeld und Schadenersatz (vermutlich eine lebenslange Rente; Anm. des Autors) zu zahlen.

Nun kann man von diesem Urteil halten, was man will. Fakt ist aber, dass Richter im Rahmen der Strafverfolgung sehr viel Zeit haben, einen Sachverhalt von allen erdenklichen Perspektiven gedanklich und rechtlich zu beleuchten. Dass man bei dem Luxus, eine Situation unter Berücksichtigung aller relevanten Aspekte beleuchten zu können, zu einer anderen

Entscheidung kommen kann als in einem dynamischen Handlungsverlauf, leuchtet in dem Zusammenhang sicher ein. Der Ausgang dieses Verfahrens führt uns zu einem weiteren Zitat, das meines Erachtens sehr gut zusammenfasst, was es mit der Entscheidung pro oder contra Kämpfen auf sich hat:

„Niemand gewinnt einen Kampf."

(„DALTON" im Film „Roadhouse")

Ich will damit nicht sagen, dass du zulassen sollst, dass deine Freundin von einem Betrunkenen angegrapscht wird. Ich würde es nicht tun. Aber ich kann nur für mich entscheiden. Das Urteil soll uns allerdings vor Augen führen, dass ein Kampf, auch wenn wir dafür ausgebildet und gut darauf vorbereitet sind, im Nachgang erhebliche Probleme für uns bedeuten kann, selbst wenn wir nach erster Bewertung siegreich daraus hervor gegangen sind.

Diese Lektion kann dir nicht sagen, wann sich ein Kampf lohnt und wann nicht. Diese Entscheidung muss jeder für sich selbst treffen. Die Abwägung hängt von vielen Faktoren ab. Ich könnte mich zum Beispiel fragen, was für mich auf dem Spiel steht, wenn ich den Angreifer gewähren lasse. Wie groß ist das Risiko, dass ich im Verlauf des Kampfes schwer verletzt oder gar getötet werde? Wie werden sich ggf. umstehende Personen später verhalten, wenn es darum geht, strafrechtlich zu klären, wer wofür zur Verantwortung zu ziehen ist? Um

Grundüberlegungen darzustellen, möchte ich zwei Beispiele bemühen, die sich vielleicht auf den ersten Blick ähneln, bei genauer Betrachtung jedoch wesentlich unterscheiden:

> *Wenn ich abends zu Fuß unterwegs bin und ich werde von einem Räuber unter Vorhalt eines Messers aufgefordert, ihm mein Geld zu geben, dann gebe ich es ihm.*

Warum? Selbst wenn ich aufgrund meiner langjährigen Erfahrung (unter anderem im Messerkampf) möglicherweise in der Lage wäre, den Angreifer zu entwaffnen, beinhaltet eine solche Situation doch ein hohes Risiko, dabei verletzt zu werden. Das ist insbesondere dann der Fall, wenn ein Messer im Spiel ist. Kein Geld der Welt ist es wert, dafür meine Gesundheit oder gar mein Leben aufs Spiel zu setzen! Ich muss mich auch fragen, was der Angreifer will. Wenn er mich mit dem Messer verletzen wollte, würde er nicht damit drohen, sondern es sofort einsetzen. Also will er vermutlich nur mein Geld und wird mich mit hoher Wahrscheinlichkeit ziehen lassen, wenn er es bekommt.

> *Im zweiten Beispiel zieht jemand im Verlauf eines Streits ein Messer und kommt damit auf mich zu, wobei er sagt „Jetzt mach ich dich kalt!". Wenn mir hier keine Möglichkeit zur Flucht bleibt, werde ich den Angreifer sofort attackieren.*

Obwohl also dieselbe Waffe im Spiel ist, verhalte ich mich völlig entgegengesetzt zum ersten Beispiel. Warum? Der Sachverhalt ist anders zu bewerten. Während nämlich im ersten Beispiel die Intention des Angreifers auf mein Geld gerichtet ist, will er mich im zweiten Beispiel ohnehin mit dem Messer angreifen. Einerseits steht also ein für mich hochwertigeres Gut zur Disposition, nämlich meine Gesundheit oder gar mein Leben anstelle von Geld. Andererseits ist hier der tatsächliche Angriff ohnehin nicht mehr zu vermeiden, zumal ja der Angreifer bereits angedroht hat, dass er mich töten will.

Im Ergebnis hängt es also von den Umständen ab, ob ich mich für oder gegen einen Kampf entscheide. Dies ist eine höchst persönliche Entscheidung, die wirklich jeder für sich selbst treffen muss. Wichtig ist nur, diese Entscheidung bereits im Vorfeld zu treffen, da mir im Ernstfall dafür die Möglichkeiten – zeitlich wie kognitiv – fehlen. Doch dazu später mehr...

Ich möchte noch einmal auf das zweite Beispiel zurückkommen und auf folgende Textstelle hinweisen: „Wenn mir hier keine Möglichkeit zur Flucht bleibt...". Ja, Flucht! Der Leser denkt sich jetzt vielleicht „Das gibt's doch nicht, da schreibt jemand mit über dreißig Jahren Erfahrung als Kampfsportler ein Buch über Selbstverteidigung und dann redet der hier von Flucht?". Ja, genau deshalb! Ich bitte dich, noch einmal über meine Definition von Selbstverteidigung nachzudenken:

Selbstverteidigung hat auch, aber nicht ausschließlich mit dem Anwenden von Kampftechniken zu tun. Es geht hier vielmehr um alle Maßnahmen, die dazu beitragen, dass ich abends gesund in meinem Bett liege und keine negativen Folgen davontrage. Wenn sich also ein Kampf anbahnt und ich nutze eine sich bietende Möglichkeit zur Flucht, dann ist das nicht feige – das ist clever! Habe ich denn dadurch nicht alles erreicht, was die Grundidee der Selbstverteidigung von mir erwartet? Denk mal darüber nach!

Natürlich ist das für jemanden, der jahrelang das Kämpfen trainiert, nicht so recht zufriedenstellend. Trainiert man denn nicht genau für eine solche Situation? Die Antwort lautet ganz klar: Nein! In meinem letzten Kurs berichtete eine Teilnehmerin von einem Erlebnis, das sie gedanklich nicht losließ:

Sie war als Joggerin in einem großen Park unterwegs. Ein Mann fuhr auf einem Fahrrad an ihr vorbei und drehte sich nach ihr um, um sie näher zu betrachten. Während ihrer Dehnübungen bemerkte die Joggerin erneut den Radfahrer, der sich nun auf einer Parkbank niedergelassen hatte und sie scheinbar beobachtete. Ihr Heimweg hätte sie an der Parkbank vorbeigeführt. Weil sie aufgrund der Situation ein mulmiges Gefühl hatte, lief sie stattdessen in die entgegengesetzte Richtung auf einem Umweg nach Hause. Nun fühlte sie sich deswegen schlecht, weil sie einerseits das Gefühl hatte, sie habe überreagiert. Des Weiteren schämte sie sich für ihre Angst vor einer möglichen Konfrontation.

Unter Hinweis auf die zuvor getroffenen Aussagen erklärte ich der Kursteilnehmerin, dass sie aus meiner Sicht alles richtig gemacht habe:

- Sie hatte die Gefahr eines möglichen Angriffs wahrgenommen und sich dafür entschieden, der Konfrontation auszuweichen.
- Sie musste dafür nicht mehr aufgeben, als dass sie einen kleinen Umweg in Kauf nehmen musste.
- Sie hatte die Situation gesund und ohne irgendwelche negativen Folgen überstanden.

Die Idee der Vermeidung eines Kampfes ist im übrigen weder neu noch basiert sie auf pazifistisch geprägten Motiven. Sie ist schlicht eine logische Folge des Bestrebens, Nachteile von mir selbst abzuwenden. So hat bereits vor ca. 2500 Jahren ein chinesischer Feldherr und Militärstratege gesagt:

„Wahrhaft siegt, wer nicht kämpft."

(SUN TSU)

Günstige Cover für Bücher und Ebooks gibt es bei

www.facebook.com/budgetcover/

budgetcover ist ein Angebot des citroNET Autorenservice. Hier gibt es außerdem Hilfe beim Satz des Buchblocks, Konvertierung in druckfähige Dateien oder ein Korrektorat:

www.citronet.de

Dort bekommt ihr auf Wunsch auch eine eigene Autoren-Website, Grafikelemente oder Bildbearbeitung für euer Buch.

Notizen

Notizen